동화 속 과학읽기
안데르센 사이언스

동화 속 과학읽기
안데르센 사이언스

2010년 6월 15일 초판 2쇄 발행
2007년 8월 1일 초판 1쇄 발행
지은이 김경호 · 김윤택 · 전영석

펴낸이 이원중 책임편집 류선미 디자인 임소영 동화 리라이팅 김현숙 삽화 이수종, 정림
펴낸곳 지성사 출판등록일 1993년 12월 9일 등록번호 제10 - 916호
주소 (121 - 829) 서울시 마포구 상수동 337 - 4 전화 (02) 335 - 5494~5 팩스 (02) 335 - 5496
홈페이지 www.jisungsa.co.kr | blog.naver.com / jisungsabook 이메일 jisungsa@hanmail.net
편집주간 김명희 편집팀 조현경, 김찬 디자인팀 이유나, 박선아

ⓒ 김경호 · 김윤택 · 전영석 2007

ISBN 978 - 89 - 7889 - 221 - 6 (03400)

잘못된 책은 바꾸어드립니다. 책값은 뒤표지에 있습니다.

* 이 책에 실린 도판 중에서 사용 허가를 받지 못한 것이 있습니다. 출판 뒤에라도 연락 주시기 바랍니다.

동화 속 과학읽기
안데르센 사이언스

김경호·김윤택·전영석 지음

지성사

● 머리말

"안데르센 동화 속에 숨어있는 과학 이야기"

    안데르센 동화와 과학, 참 어울리지 않는 말처럼 들립니다. 안데르센 동화는 어린이들에게 꿈과 사랑을 보여주는 것이지 과학을 설명하는 것은 아닌 것으로 알려졌으니까요. 그중에서도 인어 공주 이야기는 정말로 과학과는 거리가 먼 것처럼 느껴집니다. 인어라는 있지도 않은 생명체를 등장시켜 인어가 사람과 사랑하고 또 사람으로 바뀌게 되는 내용을 읽으면 누구나 이 이야기가 상상 속에서나 가능한 일이라고 생각할 겁니다. 하지만 보는 방향을 조금만 바꾸면 이 속에 숨겨진 재미있고 흥미진진한 과학 이야기를 발견할 수 있을 겁니다.

    안데르센은 인어 공주 이야기를 쓸 때 어떤 상상을 했을까요? 그는 근처 바닷가로 나가서 어부들이 물고기를 잡아 오는 장면을 보았을 거에요. 그리고 그 물고기 안에서 여러 모양으로 생긴 고기들을 자세하게 보았을 거에요. 어린이 여러분도 신문에서 물고기 중에는 사람의 얼굴을 닮은 물고기도 있다는 보도를 읽은 적이 있지요? 아마 안데르센도 그런 물고기를 보면서 인어 공주를 생각해 냈는지도 몰라요. 뛰어난 관찰력이야말로 과학에서 가장 강조하는 탐구 단계 가운데 첫 번째 것이거든요.

    백조 왕자와 엘리자 공주가 나오는 야생 백조 이야기에는 백조로 변한 왕자들이 겨울에 다른 곳으로 갔다가 돌아오는 장면이 있어요. 또 못된 새 왕비가 엘리자 공주를 쫓아낼 때 엘리자 공주 얼굴에 호두즙을 바르는 장면도 있고요. 아마도 안데르센은 살던 곳 주변에 오는 백조들을 자세하게 관찰했던 것 같아요. 그래서 백조들이 철 따라 사는 곳을 옮기는 새라는 것을 알았겠지요. 또 주변에 있었던 풀이나 나무들도 주의 깊게 보았을 거고요. 나무 이름과 풀이름을 알려고 많은 사람에게 물어도 보고 또 그 열매가 어디에 쓰이는지 어떤 곳에 자라는지 등등 많은 것을 알아보려고 노력했을 거에요. 그래서 호두즙을 얼굴에 바른다는 표현을 찾았을 거고요.

이 책은 안데르센의 환상적인 동화 가운데 14편을 엄선해 동화와 그 동화에 깔린 과학 지식을 함께 실은 것입니다. 특히 과학 이야기는 아빠가 아이에게 들려주듯 쉽게 풀어서 설명했으므로, 초등학생들이 읽어도 어렵지 않을 거예요. 그러니 한 편 한 편 읽을 때마다 동화 속에 숨겨진 다양한 과학 상식을 발견할 수 있을 겁니다. 과학은 과학자만의 것이 아니거든요.

미래의 주인공이 될 우리 어린이들이 이 책 속에 있는 동화와 과학 이야기를 재미있게 읽고 자신의 미래를 그려보았으면 합니다.

2007년 7월
김경호, 김윤택, 전영석

차례

머리말 · 4

1. 하늘을 나는 트렁크 · 9
하늘을 날고 싶은 인간의 꿈 · 12

2. 돼지치기 소년 · 27
초능력과 MP3 · 30

3. 엄지 공주 · 43
난쟁이의 세포 크기와 식사량 · 48

4. 인어 공주 · 57
심해 탐사 · 64

5. 미운 오리 새끼 · 73
백조가 되어 날다 · 78

6. 나이팅게일 · 91
생명의 정의 · 96

7. 야생 백조 · 105
철새의 이동과 신기루 · 112

8. 벌거벗은 임금님 · 121
투명 망토, 투명 인간의 꿈 · 126

9. 부싯갓 통 · 139
인간과 가장 친한 동물 · 144

10. 완두 콩 꼬투리 속의 콩 다섯 개 · 157
원예치료의 역사 · 160

11. 성냥팔이 소녀 · 167
석류황과 마법사의 불 · 170

12. 눈의 여왕 · 183
북극 탐험의 신비 · 192

13. 그림자 · 205
마음속에 숨겨진 본능 · 212

14. 꿋꿋한 장난감 병정 · 223
금속 심장에 숨겨진 비밀 · 226

하늘을 나는 트렁크

안데르센 사이언스
Science 1

엄청난 돈을 남기고 아버지가 돌아가시자, 그 아들은 돈을 흥청망청 쓰며 살았죠. 종이돈은 연을 만들어 날리고, 연못에는 돈 대신에 황금을 던지며 논 거예요.

결국 동전 몇 개, 슬리퍼 한 켤레, 낡은 잠옷 하나만 남은 거지 신세가 되었어요. 돈이 많을 땐 친구들도 많더니, 이젠 아무도 거들떠보질 않네요. 한 친구만 짐을 싸서 떠나라며 트렁크 하나를 주었을 뿐이었죠.

아들은 트렁크 안에 넣을 게 없어서 자기가 그 안에 들어가 앉았어요. 그랬더니 트렁크가 하늘을 날아다니지 않겠어요!

트렁크는 아들을 태우고 멀리멀리 날더니 터키까지 가버렸어요. 트렁크에서 빠져나온 아들은, 트렁크를 잘 감춰두고 도시로 나갔지요. 터키 사람들은 잠옷 차림에 슬리퍼를 신고 다녔어요. 그러니 아무도 아들을 이상하게 생각하지 않았죠.

길을 가던 아들은 높은 곳에 창문이 달린 성을 보았어요. 그래서 길 가던 사람에게 누가 사느냐고 물었어요.

"공주님이 살고 계신 성이죠. 임금님이 공주가 아무도 못 만나게 저 안에서 혼자 살게 하는 거예요. 공주님은 연인 때문에 불행해진다는 예언 때문이죠."

이야기를 들은 아들은 공주님이 보고 싶었어요. 그래서 숲으로 가서 트렁크를 타고 공주님 방으로 들어갔어요.

공주님은 자고 있었는데, 어찌나 예쁜지 아들은 저도 모르게 입맞춤을 하고 말았지요. 잠에서 깬 공주가 깜짝 놀라며 누구냐고 물었어요.

"나는 하늘에서 날아온 터키의 천사요."

공주는 그 말을 믿고 몹시 기뻐했어요. 그뿐만 아니라 아들이 세상 이야기를 들려주자, 성에 갇혀만 살던 공주는 너무너무 신기해했죠. 그래서인지 아들이 결혼을 하자고 하자, 금방 승낙을 하면서 이렇게 말했어요.

"우리 부모님은 토요일에 오시니까, 그때 와서 오늘처럼 재밌는 이야기를 들려주세요. 그러면 우리 결혼을 허락하실 거예요."

토요일, 아들은 재밌는 이야깃거리를 준비해서는 성으로 갔지요. 왕과 왕비는 아들의 이야기를 엄청나게 재밌어했어요. 이야기가 다 끝나자 왕비가 말했어요.

"훌륭한 동화구나. 우리 공주와의 결혼을 허락하노라."

왕도 마찬가지여서, 결혼식 날짜를 잡게 되었어요.

결혼식 전날 밤이었어요. 온 도시가 환하게 불을 밝히고 화려한 잔치를 열었어요. 그래서 기분이 좋아진 아들은 불꽃놀이를 보여주기로 했지요. 불꽃놀이에 필요한 것들을 사서 트렁크에 탔어요. 하늘을 날아다니며 불꽃들을 피워냈어요. 사람들은 너무너무 즐거워 껑충껑충 뛰어다녔지요.

불꽃놀이를 끝낸 아들은 트렁크를 숲 속에 잘 감추어두고 다시 시내로 나갔어요. 사람들이 자기를 어떻게 생각하는지 알아보려는 거였죠. 사람들은 이렇게 말했어요.

"굉장한 불꽃놀이야. 공주님은 터키 천사와 결혼하는 게 틀림없어."

"내 두 눈으로 터키 천사를 똑똑히 봤지. 별처럼 빛나는 눈에 물거품 같은 머리카락을 가졌더라고."

"불 외투를 입고 날았잖아. 외투의 주름 사이로 예쁜 아기 천사들이 있었고." 사람들 이야기에 크게 만족한 아들은 쉬려고 트렁크로 갔어요. 그런데 아무리 찾아보아도 트렁크가 보이지 않는 거예요. 보이는 거라고는 재밖에 없었죠. 불꽃놀이를 할 때 불씨 하나가 트렁크에 옮겨 붙었는데, 그게 트렁크를 홀라당 태워버리고 만 거예요.

아들은 더 날 수도 없었고, 신부한테 갈 수도 없었어요. 그래서 여기저기를 떠돌며 동화를 들려주며 살았어요.

그런 줄도 모르고 공주님은 아들을 기다렸어요. 결혼식 날 종일 기다리고, 그 다음날도 또 그 다음날도 계속 기다렸죠. 아마 지금도 아들을 기다리고 있을 거예요.

[하늘을 나는 트렁크]

하늘을 날고 싶은 인간의 꿈

이 동화에는 하늘을 나는 것에 대해 오래전부터 사람들이 가졌던 두 가지 생각이 고스란히 담겨 있단다. 첫 번째 생각은 '새처럼 하늘을 날고 싶다'라는 꿈이야. 두 번째 생각은 하늘을 날고 싶다는 소망을 '헛된 꿈'이라고 생각했다는 거야. 하지만 하늘을 날고 싶다는 꿈을 현실에서 이루고자 노력했던 선구자들이 있었기 때문에, 사람들은 날 수 있게 되었단다. 그럼 새를 보며 나는 꿈을 키운 사람들에 대해 알아볼까?

우리 친구들은 동화 속 상인의 아들에 대해 어떤 생각이 들었는지 궁금해. 안타깝다고 느낀 친구도 있을 테고, 부모님이 남겨주신 재산을 탕진한 대가를 치렀으니 고소하다고 생각한 친구도 있을 거야. 하지만 이 이야기에 담긴, 사람들의 오랜 꿈에 대해 생각한 친구들도 있을까?

이 동화에는 하늘을 나는 것에 대해 오래전부터 사람들이 가졌던 두 가지 생각이 고스란히 담겨 있단다. 첫 번째 생각은 '새처럼 하늘을 날고 싶다' 라는 꿈이야. 이카로스 이야기나 하늘을 나는 양탄자 이야기처럼 세계 여러 나라의 동화에는 하늘을 날고 싶은 사람들의 욕망이 담긴 이야기가 많단다.

두 번째 생각은 하늘을 날고 싶다는 소망을 '헛된 꿈'이라고 생각했다는 거야. 동화 속에서 트렁크가 불에 타 한 줌 재가 돼버린 것과 마찬가지로, 아카로스도 아버지의 경고를 무시하고 하늘로 더 높이 올라가다가 그만 바다에 떨어져 죽어버렸잖아. 모두 실제로는 하늘을 날 수 없다고 경고하는 것이 아닐까.

하지만 사람들이 상상이나 동화 속에서만 꿈을 꾸고 실제로 아무 일도 하지 않았다면 오늘날처럼 우리가 비행기를 타고 세계 어느 곳이든 갈 수 있게 된 날이 오지는 않았을 거야. 사람이 실제로 하늘을 날 수 있게 된 것은 꿈을 현실에서 이루고자 노력했던 선구자들이 있었기 때문이란다.

지금부터 약 2,400년 전 그리스에는 아르키타스라는 수학자가 있었어. 유명한 철학자 플라톤의 친구이기도 했던 아르키타스는 나무로 만든 비둘기 모형을 날리는 실험을 처음으로 했다고 해.

그 후 15세기에, 그러니까 지금부터 약 600년 전에는 천재 과학자 레오나르도 다 빈치가 나타났어. 우리는 레오나르도 다 빈치를 유명한 화가로만 알고 있지만, 사실 그는 아주 뛰어난 과학자이자 기술자였단다. 그는 새의 날개를 여러 번 해부하고 관찰한 다음 새처럼 날갯짓을 하는 최초의 비행기를 고안해냈어. 하지만

● 이카로스는 그리스 신화에 나오는 인물로 다이달로스의 아들이다. 아버지와 함께 백랍(白蠟-백蠟-밀-랍)으로 만든 날개를 달고 미궁을 탈출하다가 태양에 너무 접근하는 바람에 날개가 녹아 바다에 떨어져 죽었다.

● **아르키타스**
그리스의 정치가·기술자·수학자로, 유명한 수학자 피타고라스의 스승이었다. '이데아'라는 정신적 세계를 중시해 기술적인 것을 무시했던 철학자 플라톤과는 달리 기술적인 재능이 아주 뛰어났다고 한다.

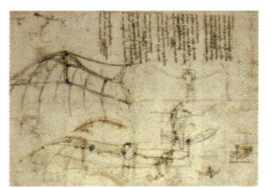

● 레오나르도 다 빈치의 비행기 스케치.

● 레오나르도 다 빈치의 헬리콥터 스케치.

안타깝게도 당시의 기술력이 그의 천재적인 아이디어를 따라가지 못했기 때문에 실제로 만들 수는 없었단다.

약 300년 전, 18세기 초에야 사람들은 기구(氣기운-기 毬공-구)를 개발하는 데 힘을 쏟기 시작했어. 기구는 비행기가 발명되기 전까지 약 100년 이상이나 하늘을 나는 유일한 비행 수단으로 이용되었단다.

현재 사용되고 있는 기구에는 두 가지 종류가 있어. 하나는 열기구이고, 또 하나는 가스 기구야. 열기구는 말 그대로 열을 이용하는 건데, 버너의 불꽃으로 기구 속의 공기를 가열하면 공기가 가벼워지면서 위로 뜨게 돼. 그렇게 '뜨는 힘'을 좀 어려운 한자말로 부력(浮뜰-부 力힘-력)이라고 하는데, 물 위를 뜨는 것이나 하늘을 나는 모든 것은 이 부력을 이용한단다.

그리고 가스 기구는 열 대신 가스를 이용해 기구를 하늘로 띄우는 거지. 굳이 공기를 가열해 가볍게 만들 필요 없이 아예 공기보다 가벼운 가스를 기구 속에 넣는 거야. 보통 수소 가스나 헬륨 가스를 많이 사용하지.

오늘날에도 이 기구들은 여전히 사용되고 있단다. 열기구는 사람이 직접 타고 올라가 기상 상태를 측정하거나 항공 자료를 분석하는 데 사용되고, 가스 기구는 광고나 홍보, 전시 효과를 내는 데 많이 사용되지. 어린이날이나 무슨 축제일에 하늘을 올려다보

기구의 원리

수소 또는 헬륨
주위의 공기보다 가볍기 때문에 떠오른다.

공기

뜨거운 공기
주위의 찬 공기보다 가볍기 때문에 떠오른다.

찬 공기

열기구가 공중에 뜨려면 커다란 공기주머니 안의 공기를 강한 불꽃으로 데워야 한다. 데워진 공기는 주위보다 가벼워서 위로 올라간다.

보통 공기는 무게가 없는 것처럼 보이지만 1세제곱미터 공기의 무게는 1.25킬로그램 정도이다. 4인승 열기구의 부피는 2,180세제곱미터인데, 그 안의 공기를 가열하여 내부 온도를 섭씨 100도 정도로 하면 주위보다 가벼워져서 600킬로그램을 들어 올릴 수 있다. 이 정도면 장비의 무게와 네 사람 정도의 무게를 들어 올릴 수 있는 힘이다.

또 가스 기구를 썼을 때, 같은 600킬로그램의 무게를 들어 올리려면 사용하는 기체가 수소일 때 538세제곱미터, 헬륨일 때 580세제곱미터의 부피가 필요하다.

열기구의 구조

열기구의 구조는 사진처럼 크게 네 부분으로 나뉜다.

① 구피(球공-구皮껍질-피): 바깥 껍질
② 연소 장치: 구피 내부의 공기를 데운다.
③ 연료통
④ 탑승 장치

이 외에도 부속 장비로는 비행을 시작할 때 구피에 찬바람을 불어주는 송풍기와 고도계, GPS(인공위성을 이용하여 위치를 파악하는 장치), 무전기, 나침반, 지도, 소화기 등이 있다.

● 프랑스의 조제프 몽골피에와 동생 자크 몽골피에 형제는 1783년, 더운 공기는 일반 공기보다 가벼워 상승한다는 원리를 적용해서 열기구를 만들었다.

● 조지 케일리
비행기의 아버지라 불리는 영국의 항공과학자. 비행기의 이론적·실험적 연구로 고정익(固굳을-고定정할-정翼날개-익) 비행기의 기초적인 여러 원리를 처음으로 밝혀냈다.

● 니콜라스 오토
독일의 기계기술자로, 증기기관을 대신할 수 있는 최초의 실용적인 4행정 내연기관을 개발했다.

면 커다란 풍선 같은 것이 떠 있는 것을 자주 볼 수 있지? 그 기구의 역사가 무려 300년 이상이나 되었다니 놀랍지 않니?

그럼 이 기구를 처음 만든 사람은 누구일까? 우리한테 최초의 기구학자로 알려진 사람들은 몽골피에 형제인데, 사실 그들이 기구를 처음 개발한 것은 아니야. 하지만 본격적인 열기구 실험을 여러 번 했기 때문에 기구의 역사에서 매우 중요한 사람들이지. 그리고 같은 해에 샤를이라는 과학자 역시 수소 기구로 비행하는 데 성공했단다.

한편, 기구는 18세기 후반에 와서 커다란 진화를 하게 돼. 단순히 공기 중에 떠서 바람 부는 대로 흘러가는 기구 대신, 유선형 몸체에 동력(動움직일-동力힘-력) 장치와 프로펠러를 부착한 비행선이 등장하게 된 거지.

이렇게 비행선이 발전하게 된 데는 조지 케일리와 니콜라스 오토의 힘이 컸어. 조지 케일리는 최초로 비행 원리를 과학적으로 밝혀낸 사람인데, 그의 비행 이론은 오늘날까지 그대로 적용될 정도로 굉장히 정확한 것이었단다. 또 비행선에 꼬리날개를 붙여 조종이 더 편해졌지. 그리고 니콜라스 오토라는 사람은 비행선 자체보다는 동력 장치에 더 노력을 기울인 사람인데, 엔진의 기본 원리를 밝혀내 오늘날 자동차 엔진의 기본 이론을 완성하였단다.

이렇게 해서 비행선은 오랫동안 관광용이나 장거리 운송 수단으로 많이 사용되었어. 하지만 1930년대에 대형 비행선의 폭발 사고가 잇달아 일어나는 바람에 비행선의 시대는 막을 내리게 되었단다.

● 독일 항공의 개척자 오토 릴리엔탈은 1877년 새의 비상 관찰을 기초로 첫 글라이더를 시험 제작했고, 1891년 처음으로 사람이 탈 수 있는 글라이더를 개발했다.

그런데 이러한 비행선 말고 바람을 타고 자유 비행을 하는, 즉 활공에 힘쓴 인물들도 있었단다. 바로 독일의 오토 릴리엔탈과 그의 제자인 영국의 퍼시 필쳐야. 이들이 만든 글라이더는 오늘날의 행글라이더와 모습도 비슷하고 조종 원리도 비슷해. 하지만 이론과 기술의 부족으로 안타깝게 두 사람 모두 활공 중 추락해 사망하였단다. 또 미국인 기술자 옥타브 샤누트도 들 수 있지. 그는 실제 비행보다는 설계에 힘을 쏟은 사람인데, 여러 곳에서 모은 자료를 가지고 잡지를 펴내기도 하고 릴리엔탈의 글라이더를 보완하여 모범적인 글라이더로 개발시키기도 했어.

그리고 다음으로 등장하는 사람들이 우리 친구들도 너무나 잘 아는 라이트 형제야. 동력 비행기 시대라고 하면 이들 형제 이야기를 빼놓을 수 없지. 라이트 형제는 원래 기계 완구와 자전거점을 운영하고 있었는데, 독일의 릴리엔탈이 글라이더 시험 중 추락사한 것을 알고 항공에 흥미를 느껴 비행기 연구를 시작하였단다. 그들은 비행기 모형 시험만 200번 이상, 글라이더 시험 비행은 1,000번 이상이나 했대. 그리고는 드디어 1903년 역사상 처음으로 동력 비행기 비행에 성공했어. 그게 바로 플라이어 1호야. 처

● 1903년 역사상 처음으로 동력 비행기 비행에 성공한 플라이어 1호.

음 비행에서는 12초 동안 36미터를 날았고, 두 번째 비행에서는 59초 동안 243.84미터를 날았지. 비록 1분도 안 되는 짧은 순간이었지만, 우리 인류에게는 역사적인 순간이지.

이제 사람들은 하늘을 난다는 것을 어렵게만 생각하지는 않게 되었단다. 특히 제1, 2차 세계대전을 겪으면서 비행기 기술은 급격히 발전했어. 각 나라가 폭격기를 만들면서 대형 비행기가 많이 만들어졌거든. 특히 독일에서 많은 발전을 이루자 다른 나라들도 자극을 받아 경정적으로 개발에 몰두했고, 그 결과 급속한 발전을 이룰 수 있었던 거지. 전쟁 덕분에 비행기 기술이 발달하게 되었다니 어떻게 보면 참으로 안타까운 일이지만, 이런 걸 두고 역사의 아이러니라고 하는 게 아닐까? 사실 이런 일은 비행기 말고도 꽤 많단다. 나치의 생체 실험이 한편으론 의학 발달을 가져오기도 했으니 말이야.

아무튼 다시 비행기 이야기로 돌아와서, 1957년부터 도입된 제트기의 출현은 새로운 고속 항공 시대를 열었어. 그 후 세계적인 경기 호황까지 겹치면서 세계적으로 항공 수송은 비약적인 발전을 거듭했단다. 제트기가 생기면서 그때까지 사용되었던 프로펠러기는 단거리용으로만 쓰이게 되었지.

1958년에는 제트기가 불과 15대밖에 되지 않았으나, 1961년에는 무려 413대나 취항하게 되었으니, 이제 바야흐로 제트기의 시대가 된 거야.

제트기의 출현으로 비행기의 속도도 시속 320킬로미터에서 960킬로미터로 빨라졌단다. 특히 1976년에는 초음속기인 콩코드의 출현으로 속도가 시속 2,160킬로미터까지 빨라졌어. 초음속(超넘을-초 音소리-음 速빠를-속)이라고 하면 소리보다 빠른 속도라는 얘긴데, 어떻게 소리보다 빠르게 비행기가 날 수 있는지 정말 신기하지 않아? 참고로, 소리의 속도는 섭씨 0도의 공기 중에서 1초에 331미터, 한 시간에 약 1,200킬로미터(마하 1)야. 그러니까 시속 1,200킬로미터 이상부터는 초음속이라고 하고, 이때부터는 속도의 단위로 '마하' 라는 단위를 쓰지.

아무튼 프로펠러기에서 제트기로 바뀌면서 수송 능력도 크게 좋아져 항공 요금도 전보다는 많이 싸졌지. 아주 비싼 요금을 내고 소수의 부유한 사람들만이 이용하던 시대는 지났고, 이제 많은 사람이 비행기를 타고 다니는 항공의 대중화가 이루어지게 된 거야.

그럼 미래의 비행기는 어떻게 발달하게 될까? 우리 한번 상상해볼까? 토요일 점심때 인천공항을 출발해 다시 금요일 오후 2시쯤 캐나다 밴쿠버공항에 내린다. 그리고 렌터카로 1시간 30분쯤 달려 휘슬러 스키장에 도착해서 1박 2일 동안 마음껏 스키를 즐긴 후 다시 서울로 돌아온다. 서울은 아직 일요일 오후 3시밖에 되지

● 영국 · 프랑스 양국이 협력해서 개발하고 제작한 초음속 여객기 콩코드는 가늘고 긴 삼각날개와 4개의 엔진을 지녔고, 고도 2만 미터 부근을 마하 2의 속도로 비행한다.

비행기의 구조

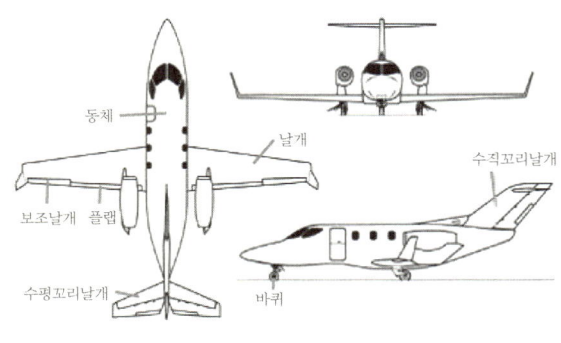

비행기의 각부 명칭

● **날개**

양력을 발생시켜 비행기를 떠오르게 하는 중요한 역할을 한다.

● **플랩**

양쪽 날개에 달렸으며, 위아래로 움직일 수 있다. 플랩을 내리면 양력이 증가하므로 이륙하거나 착륙할 땐 낮은 속력에도 비행기가 뜰 수 있도록 플랩을 내린다.

● **보조날개**

날개 양쪽에 있으며, 비행기가 기우는 것을 막는다. 왼쪽을 내리고 오른쪽을 올리면 상대적으로 왼쪽이 올라가려는 힘이 커지므로, 비행기는 왼쪽 날개가 올라가고 오른쪽은 내려간다.

● **꼬리날개**

수평꼬리날개와 수직꼬리날개가 있다. 수평꼬리날개는 상승키라고 할 수 있는데, 이것을 이용해서 비행기 앞부분이 올라가거나 내려가는 것을 조정한다. 하지만 날개가 작아서 크게 움직이긴 어렵다. 수직꼬리날개는 방향키라고 할 수 있으며, 정밀한 비행을 할 때 방향을 조정한다.

● **바퀴**

안전하게 착륙하도록 해준다.

않았다.

어때? 꼭 타임머신을 타고 신기한 시간 여행이라도 하고 온 것 같지 않아? 캐나다는 우리보다 하루 정도 늦으니까 시차를 이용하면 이론적으론 가능해. 그러나 아무리 날짜 변경선을 지났다 하더라도 현재로선 불가능한 이야기야. 이렇게 되려면 서울에서 캐나다까지 두 시간 만에 날아가야 하거든. 하지만 머지않아 실제로도 이런 일이 벌어질 거야. 서울에서 미국이나 캐나다 같은 북아메리카 지역까지 단 두 시간 만에 날아가는 꿈같은 이야기도 하이퍼소어(Hypersoar)만 나타나면 현실이 될 수 있거든.

● 하이퍼소어는 미국 캘리포니아의 로렌스 리버모어 국립 연구소가 구상하고 있는 초음속 여객기로, 500명 정도의 승객을 태울 수 있다고 한다.

하이퍼소어의 속도는 무려 마하 10! 소리보다 열 배나 빠른 속도라고! 하이퍼소어는 연료를 아끼고 공기의 저항을 최소화하려고 지구 대기권 밖으로 비행하게 된단다. 이때 두 종류의 엔진을 사용하는데, 발사할 때 사용하는 로켓 엔진과 비행할 때 사용하는 제트 엔진이야. 로켓 엔진을 이용해 발사된 다음 주 동력원을 제트 엔진으로 전환하고, 대기권을 벗어난 뒤에는 곧바로 엔진을 끄는 거지.

여객기는 발사 속도에 의해 약 60킬로미터 상공까지 계속 치솟다가 다시 하강하는데, 대기권이 시작되는 약 33킬로미터 상공에 진입하는 순간 다시 튀어 오르게 되지. 마치 우리가 강물 위로 낮게 돌을 던져 물수제비를 뜨는 것처럼 말이야. 그 순간 여객기는 엔진을 약 20초 동안 다시 점화시켜 되튀는 힘을 높인단다. 되튀는 거리는 약 400킬로미터라고 해.

아무래도 하이퍼소어의 첫 고객은 사람보다는 화물일 가능성이 크겠지? 그 안전성에 누구나 안심할 수 있게 될 때까지는 말이야. 아무튼 전 세계 어느 곳이든 하루 안에 화물을 배달할 수 있다면 페덱스(FedEx)나 디에이치엘(DHL) 같은 국제적인 택배 회사들은 쾌재를 부를 거야. 물론, 군사적인 목적으로도 하이퍼소어의 수요는 높겠지.

미국항공우주국인 나사(NASA)도 초음속 여객기의 실현 가능성에 큰 점수를 주고 있어. 그래서 현재 초음속 비행에 필요한 스크램제트 엔진을 실험하고 있지. 하이퍼-X라는 이름의 이 무인 제트기는 추진 로켓에 의해 우주 공간으로 나가고 나서 약 15초 동안 마하 7의 속도로 비행하도록 프로그래밍이 돼 있단다. 그럼 우리나라의 항공 기술은 어디까지 왔을까?

우리나라는 비행기를 만드는 기술을 뒤늦게 받아들여 이제 선진국들을 막 뒤쫓는 형편이야. 하지만 우리나라에도 나름대로 독자적인 비행 기술의 역사가 있단다. 기록에 따르면 임진왜란 때 정평구라는 사람이 '비차(飛날-비 車수레-차)'라고 하는 일종의 비행기를 만들어 진주성에 갇힌 사람들을 성 밖으로 데리고 나왔다는 기록이 있어. 이런 재주 있는 조상을 뒀으니 우리도 마음만 먹으면 얼마든지 항공 선진국으로 앞서나갈 수 있을 거야.

지금까지 우리나라는 주로 소형 비행기 위주로 생산해 작은

● 영남의 진주성이 왜군에 포위되었을 때 평소 성주와 친하던 정평구가 비차를 만들어 타고 성으로 들어가, 성주를 태우고 약 10미터 높이로 날아가 30리(약 12킬로미터) 밖에 내렸다는 설도 있고, 포위된 진주성을 구하려고 이것을 타고 가서 구원병을 요청했다는 설도 있다. 형태와 구조는 전하지 않고 있다.

규모로만 수출해왔어. 하지만 2002년 8월 우리 기술로 초음속 비행기 T-50의 개발에 성공해서, 세계 여러 나라에 수출도 하게 되었단다. 그러니 이제부터는 명실상부한 항공 선진국으로 나아가야 할 때이니 항공과 관련한 꿈을 가진 친구들은 그 꿈을 마음껏 펼쳐보았으면 해.

    2,400년 전 어느 과학자가 만들어 날렸던 나무새가 결국 초음속 항공기로, 또 우주를 나는 로켓으로 진화한 걸 보니 참으로 감격스럽지 않니? 그 작은 첫발이 이렇듯 원대한 우주 시대의 막을 열었으니 말이야. 이처럼 과학은 인류의 꿈을 이루어주는 참된 학문이란다. 우리 어린 친구들도 저마다 아름다운 꿈을 가지고, 그 꿈을 이룰 수 있도록 도전했으면 해. 그런데 이 아빠는 물리학을 전공했고 비행기로 세계 여러 나라에 다녀봤지만, 아직도 짐을 가득 실은 커다란 비행기가 정말로 뜬다는 것을 믿지 못하겠는데 어떡하지?

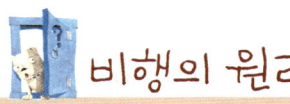
비행의 원리

사람이 하늘을 나는 꿈을 키우게 된 것은 태초부터 하늘을 지배했던 새를 보아서일 것이다. 그럼 새는 어떻게 하늘을 날 수 있는 걸까?

새의 몸 구조는 가장 작은 벌새부터 가장 덩치가 큰 알바트로스에 이르기까지 서로 닮았다. 하늘을 날기 위해서는 가볍고 튼튼한 골격, 강하고 가벼운 근육, 상승과 추진 역할을 하면서 보온에 도움이 되는 깃털, 예민한 눈이 필요하다. 이 모두가 새들의 공통적인 특징이다.

또 새의 날개는 과학적인 원리로 아주 정교하게 만들어져 있다. 날개 전체의 모양은 공기를 가르면서 날 때 가장 저항을 적게 받도록 유선형으로 되어 있으며, 위로 뜨는 힘을 얻기 위해 날개의 아랫면이 안쪽으로 약간 굽어져 있다. 앞쪽에서 불어오는 공기가 날개의 볼록한 윗면을 따라 흐를 때는 속력이 빨라지므로 압력이 줄어들고, 반대로 오목한 아랫면에서는 공기의 흐름이 느려져 압력이 약간 높아진다. 날개 윗면과 아랫면의 이런 기압 차이로 날개를 밑에서 위로 올려 미는 힘이 생기는데, 이것이 바로 양력(揚오를-양力힘-력)이다. 양력은 비행기 날개에도 똑같이 적용된다.

한편, 새는 날개로 공기를 아래로 누르면서 힘을 얻는데, 날개가 정교하기 때문에 힘을 효율적으로 얻을 수 있다. 즉, 새가 날개를 펴서 공기를 아래로 누를 때는 날개들이 서로 포개져 한 장의 판자처럼 되어 퍼덕이는 힘을 강하게 하고, 날개를 위로 들어 올릴 때는 날개깃이 비틀어져 공기가 흘러나갈 틈이 생기기 때문에 들어 올리기가 쉬워진다.

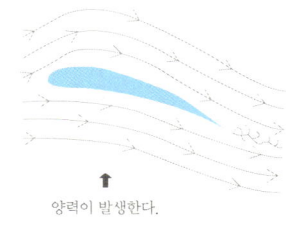

공기의 속력이 빨라지면 압력이 줄어든다.

↑
양력이 발생한다.

공기의 속력이 느려지면 압력이 높아진다.

날개를 아래로 누를 때는 날개들이 편평하게 포개져 공기를 강하게 민다.

날개를 들어 올릴 때는 공기가 빠져나갈 수 있도록 날개깃이 비틀어져 쉽게 올릴 수 있다.

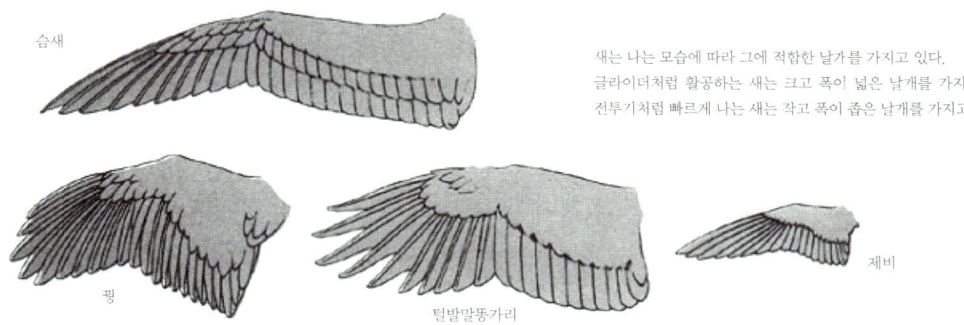

날개 모양

비행기가 뜨는 원리도 이와 같다. 비행기가 위로 힘(양력)을 받는 과정에는 두 가지 원리가 적용된다. 먼저 날개 위와 아래의 공기 속력과 압력 차이이다. 비행기 날개를 자른 단면 그림을 떠올려 보자. 비행기 날개의 윗면은 아랫면보다 길이가 더 길다. 그러므로 비행기가 전진할 때 날개 위로 지나는 공기는 날개 아래를 지나는 공기보다 빠르다. 따라서 위쪽의 압력이 아래쪽 압력보다 작고, 비행기는 위로 뜨는 힘을 받는다.

그럼 우리가 기념식장에서 자주 보던 곡예비행은 어떻게 가능한 것일까? 비행기가 이리저리 뒤집혀서 나는 걸 보면, 날개 모양에 의한 기압 차이만으로는 설명이 안 된다. 여기서 비행기가 양력을 받는 또 하나의 원리가 나온다. 비행기의 날개가 약간 기울어진 것이다. 즉, 날개의 앞쪽은 위로 약간 치켜 올라가고 뒤쪽은 아래로 약간 처져 있는데, 선풍기 앞에서 책받침이나 두꺼운 종이를 기울여서 들어보면 그것이 위쪽으로 힘을 받는다는 것을 알 수 있다. 이와 마찬가지로 날개가 기울어져 있기 때문에 비행기가 공기를 헤치면서 나아가는 동안 비행기를 들어 올리는 힘으로 작용하는 것이다.

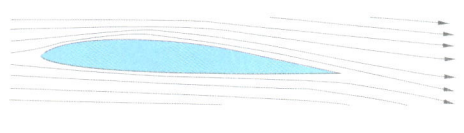

비행기 날개의 윗면은 아랫면보다 길이가 더 길기 때문에, 공기도 더 빠르게 흐른다.

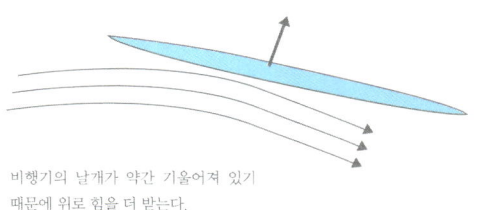

비행기의 날개가 약간 기울어져 있기 때문에 위로 힘을 더 받는다.

안데르센 사이언스 2

돼지치기 소년

가난하고 작은 왕국의 왕자는 큰 나라 황제의 공주에게 마음을 두고 있었어요. 그래서 선물로 보내려고 아버지 무덤에서 자라는 장미꽃을 꺾었어요. 그 장미는 오 년에 한 번 꽃을 피우는데, 아름다움과 향기로 보는 사람의 마음을 한순간에 앗아가 버리는 놀라운 것이었지요.

또 하나의 선물은 나이팅게일이었어요. 이 나이팅게일은 유쾌하고 매혹적인 노래로 사람들 마음을 즐겁게 해주는 새였죠.

선물을 받은 공주가 첫 번째 상자를 풀었어요. 뚜껑을 열었을 뿐인데 달콤하고 황홀한 향기가 온 방 안을 채웠어요. 황제가 감탄하며 말했어요.

"아름다운 정도를 넘어섰어. 참으로 절묘하도다!"

그러나 공주는 실망스럽다는 듯이 말했어요.

"예쁜 새끼 고양이가 좋은데."

"선물이 또 하나 있으니 실망 마라."

공주가 두 번째 상자를 열자, 경쾌한 노랫소리가 울려 퍼졌어요. 모두 기분이 밝아지며 흥겨워졌어요. 하지만 공주는 이렇게 말할 뿐이었지요.

"진짜 새잖아? 날려주겠어. 난 결혼하고 싶지 않아요."

소식을 들은 왕자는 실망하지 않았어요. 무슨 생각인지 온몸에 까만 구두약을 칠하고 초라한 옷차림을 하더니 공주가 사는 성으로 갔어요. 그리고 거기서 돼지치기 노릇을 하며 살았어요. 왕자는 돼지우리 옆에 붙은 작고 더러운 방에 살면서, 시간이 날 때마다 작고 예쁜 단지를 만들었어요. 이 단지 둘레에는 작은 방울이 달렸는데, 단지에 음식을 끓일 때면 "아, 사랑하는 아우구스틴, 모든 것이 끝났구나. 끝났어!"라며 방울들이 은은하고 아름다운 노래를 연주했어요.

또 신기하게도 단지에서 김이 피어오를 때 손가락을 대면, 누구네 집에서 어떤 음식을 만들어 먹는지 알 수 있었지요.

공주는 시녀들과 산책을 나왔다가 단지에서 울려 퍼지는 노래를 듣게 되었어요. 공주는 자기가 잘 아는 노래인데다가 워낙 소리가 아름다워서 시녀에게 말했어요.

"가서 얼마면 살 수 있는지 알아보거라."

돼지치기에게 갔다가 돌아온 시녀가 얼굴을 붉히며 공주에게 말했어요.

"공주님이 입을 열 번 맞추면 준답니다."

공주는 화를 버럭 내고는, 산책이나 계속하겠다고 생각했어요. 하지만 또다시 작은 방울 소리가 들려왔는데, 아까보다 더 아름다운 거예요. 공주가 시녀에게 말했어요.

"돼지치기에게 가서 나 대신 시녀의 입맞춤을 받으면 안 되겠느냐고 묻거라."

돌아온 대답은 이랬지요.

"공주님의 입맞춤이 아니면 절대로 안 된답니다."

결국, 공주는 돼지치기에게 입맞춤을 해주었어요. 요술 단지를 얻은 공주는 날마다 신이 났어요. 백작의 집에서 소치기의 집까지, 어떤 음식을 해먹는지 날마다 알 수 있었으니까요.

한편, 돼지치기는 다시 신기한 물건을 만들었는데, 흔들기만 하면 춤곡들이 흘러나왔어요. 공주는 이 음악을 듣고 몹시 즐거워했어요.

"정말 훌륭해! 얘들아, 가서 값을 물어보아라. 하지만 이번엔 절대로 입을 맞추지 않을 테다."

그러나 돌아온 답은 놀랍게도 입맞춤을 백 번이나 해야 준다는 것이었죠. 공주는 더 크게 화를 내며 돌아섰지만, 흥겹게 울려 퍼지는 음악에 마음을 완전히 빼앗기고 만 뒤였죠. 공주는 시녀들에게 말했어요.

"다른 사람들이 못 보게, 너희가 내 주위에 빙 둘러서서 가리거라."

이렇게 해서 돼지치기한테 공주의 입맞춤이 시작되었지요. 발코니에 나와 있던 황제는 돼지우리 쪽에 시녀들이 잔뜩 몰려 있는 걸 보고, 무슨 일인지 무척 궁금해졌어요. 그래서 돼지우리로 다가와서는 시녀들이 눈치 채지 못하게 살금살금 그 뒤로 다가섰지요. 시녀들은 돼지치기가 입맞춤을 한 번이라도 더 받을까 봐, 입맞추는 수를 헤아리기에 정신이 팔려 있었어요. 그러니 황제가 가까이 다가오는 걸 까맣게 몰랐죠. 그때 황제의 벼락같은 고함이 들렸어요.

"이, 이게 무슨 짓들인고?! 괘씸한 것들 같으니라고. 당장 나가거라."

궁궐에서 쫓겨난 공주는 엉엉 울며 말했어요.

"선물을 보낸 왕자와 결혼했으면 이런 일은 없었을 텐데."

왕자는 더러움을 깨끗이 씻어내고 멋진 옷으로 갈아입고 공주 앞에 나섰어요. 그 모습이 어찌나 늠름한지 공주는 허리를 굽혀 인사를 했어요.

그런 공주에게 왕자가 말했어요.

"난 당신을 비웃어주려고 왔소. 당신은 장미와 나이팅게일의 가치는 모르고, 장난감 같은 것들을 가지려고 돼지치기에게 입을 맞추죠."

그리고서는 자기 나라로 돌아가 성문을 닫아버렸어요. 공주는 성문 밖에 서서 구슬프게 노래를 불렀어요.

"아, 사랑하는 아우구스틴, 모든 것이 끝났구나. 끝났어!"

노래처럼 정말로 모든 것이 끝나버리고 만 거예요.

[돼 지 치 기   소 년]

초능력과 MP3

공주는 살아 있는 장미와 나이팅게일에는 별로 관심이 없고, 대신 기계로 만든 장난감에 더 관심이 많았지. 두 가지 장난감을 가지려고 신분이 낮고 지저분한 돼지치기와 수십 번 키스하는 것도 마다지 않을 정도로 말이야. 우리 친구들이라면 어땠을까? 그런 장난감이 있다면 정말 가지고 싶어 했을까?

참된 아름다움을 몰라본 공주도 한심하지만, 자신의 사랑이 받아들여지지 않았다고 해서 애써 복수의 길에 나선 왕자도 좀 너무한 것 아닌가 하는 생각이 드는데, 우리 친구들 생각은 어때?

공주는 살아 있는 장미와 나이팅게일에는 별로 관심이 없고, 대신 기계로 만든 장난감에 더 관심이 많았지. 두 가지 장난감을 가지려고 신분이 낮고 지저분한 돼지치기와 수십 번 키스하는 것도 마다지 않을 정도로 말이야. 우리 친구들이라면 어땠을까? 그런 장난감이 있다면 정말 가지고 싶어 했을까?

왕자가 처음 만든 장난감은 다른 집에서 어

떤 음식을 만드는지 알 수 있는 신기한 단지였어. 우리 친구들도 잘 알겠지만, 이렇게 멀리 떨어진 곳에서 일어나는 일을 알아내는 능력을 천리안(千일천-천里마을-리眼눈-안)이라고 하지. '천 리 밖을 볼 수 있는 눈'이라는 뜻이야. 나뭇가지나 실에 매달린 추를 이용해 땅 속의 지하수를 찾아내는 일도 일종의 천리안이라고 볼 수 있을 거야. 또 텔레비전에서는 이따금 자신이 천리안을 이용해 석유나 잃어버린 아이, 인질이 잡혀 있는 곳, 몰래 묻어버린 물건 같은 것을 찾을 수 있다고 우기는 사람을 만날 수가 있어.

● 목성은 태양계에서 가장 큰 행성으로, 행성의 순서 중 5번째에 위치하고 있다.

천리안과 같은 초능력에 관심을 두고 천리안을 연구하는 모임이 여러 나라에서 열리고 있단다. 이 모임의 실험에 참가한 어떤 사람은 자신이 천리안으로 우주여행을 하였다고 주장했지. 여행을 하는 동안 수성과 목성을 보았으며, 목성에서는 9천 미터 높이의 산을 보았다고 했어. 그러나 이 사람이 주장하는 내용을 자세히 살펴보았더니, 그중 반이 틀렸대. 그나마 옳은 이야기도 대부분 다른 자료를 통해 쉽게 알 수 있는 것이었다고 하네. 목성에는 그렇게 높은 산은 있을 수가 없어. 목성은 지구와는 달리 액체수소로 되어 있으니까. 바다를 떠올려 보면 이해하기가 쉬울 거야. 바닷물은 평평하지 어느 한 곳이 솟아올라 높은 산을 만들지는 않잖아?

그런데 자신의 거짓말이 들통났을 때, 이 사람은 자신이 너무 빨리 우주여행을 했기 때문에 태양계의 행성을 본 것이 아니라 다른 태양계의 행성을 본 것이라고 했대. 하긴 그 드넓은 우주 구석구석을 살펴보면 어느 한 곳에는 그렇게 높은 산이 있을 수도 있겠지.

한때 미국과 옛 소련에서는 초능력을 무기로 사용하려고 천리안과 같은 초능력을 가졌다고 주장하는 사람들을 모아 여러 가지 연구를 했었어. 하지만 연구는 실패로 돌아갔고, 곧 중단되었지. 그렇지만 아직도 우리 주위에서는 초능력 이야기가 마치 실제인 것처럼 잘 꾸며진 자료를 쉽게 볼 수가 있어. 서점에도 초능력에 대한 책들이 수십 권이나 쌓여 있고, 신문이나 방송에서도 그런 이야기를 종종 들을 수 있지. 물론, 인터넷에도 초능력에 대한 사이트가 많고. 하지만 속으면 안 돼. 모두가 눈속임일 뿐이니까.

제임스 랜디라는 마술사 출신의 미국 사람이 있어. 이 사람은 초능력을 가졌다고 주장하는 사람들의 속임수를 정확하게 밝혀내는 것으로 유명한 사람인데, 초능력을 가진 것으로 밝혀진 사람에게는 100만 달러(약 10억 원)를 주겠다고 했대. 하지만 아직까지 100만 달러를 받아갈 만한 사람은 한 사람도 나오지 않았다는구나.

사람이 보지 않고도 멀리서 벌어지는 일을 알 수는 없어. 하지만 돼지치기로 변장한 왕자가 만든 마술 단지처럼, 우리도 도구를 사용하면 아주 멀리 떨어진 곳에서 일어나는 일도 알아낼 수가 있

● **제임스 랜디의 100만 달러 상금**

미국의 마술사이자 저술가이다. 초능력 등 과학적으로 설명이 불가능한 현상의 주장을 반박하며, 특히 자신이 이끌고 있는 제임스 랜디 재단의 검증을 통과하는 사람에게 100만 달러를 주겠다고 내기를 건 것으로 유명하다.

지. 그렇게 보면 컴퓨터 통신(인터넷)이나 레이더도 천리안의 한 종류가 아닐까?

여기서 잠깐, 레이더라고 하는 천리안에 대해 이야기해볼지. 레이더를 이용하면 사람의 눈으로는 볼 수 없는, 아주 먼 곳에 있는 물체도 볼 수 있고, 또 캄캄한 밤중이나 눈이나 비가 올 때에도 목표물을 정확히 알아낼 수 있지.

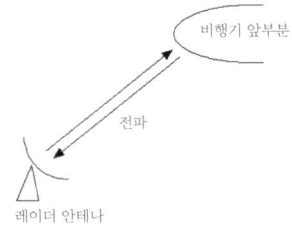

● 메아리 원리를 이용한 레이더는 전파를 쏘아 보낸 뒤 물체에서 반사되는 반사파를 이용하여 목표물의 존재와 거리를 탐지하는 무선 감시 장치이다.

산꼭대기에 올라가 소리를 지르면 잠시 후 메아리를 들을 수 있잖아. 반대편 산이 멀수록 당연히 메아리가 돌아오는 시간이 더 걸리지 않겠니? 바로 그 메아리의 원리를 이용한 게 레이더란다. 물론, 레이더는 소리 대신 전파를 이용한다는 게 메아리와 다른 점이지. 그러니까 전파를 쏘아서 그 전파가 물체에 부딪히게 한 후, 다시 튕겨서 되돌아오는 전파를 받아들여 물체의 위치나 빠르기를 알아내는 거야. 그래서 레이더에는 전파를 보내는 장치와 되돌아온 전파를 받아들이는 장치가 있단다.

아마 전파라는 말을 한 번쯤은 들어보았겠지만, 전파에 대해 자세히 아는 친구는 별로 없을 것 같아. 하지만 '전파의 바다' 속에 살고 있다고 할 정도로, 우리 주위에는 지금도 여러 가지 종류의 전파가 무수히 지나가고 있어. 우리가 라디오나 텔레비전을 볼 수 있는 것은 방송국에서 보내는 신호를 받아들이기 때문이지. 방송국에서 보내는 신호는 전파를 통해 오는데, 알고 보면 빛이나

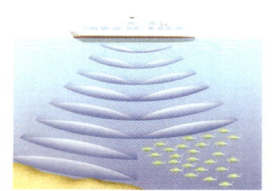

● 소나는 음파 탐지기를 이르는 말로, 바다 속 물체의 탐지나 표정(標표할-표定정할-징)에 사용되는 음향표정장치이다.

전파는 모두 같은 종류야.

물론, 전파를 이용하지 않고 소리를 이용해도 물체의 위치나 속도를 알 수 있지. 박쥐는 사람이 들을 수 없을 정도의 아주 높은 소리를 내서(레이더처럼 이용하는 거란다) 깜깜한 동굴 속에서도 부딪히지 않고 먹이를 찾을 수 있단다. 또 물속에서는 전파가 잘 전달되지 않기 때문에 레이더 대신 '소나' 라고 하는 장치를 이용한단다. 소나는 아주 높은 소리를 이용하는 장치인데, 잠수함이나 배의 레이더와 같은 효과를 노리는 거지.

하지만 소리는 멀리 가지 못하는 데다 돌아오는 메아리가 매우 약하기 때문에 정확한 정보를 알아내기가 몹시 어려워. 또 소리는 누구나 들을 수 있기 때문에 상대방 몰래 관찰을 해야 할 경우에는 쓸 수가 없단다.

레이더는 우리 주위에서 많이 사용되고 있지만 깨닫지 못하는 경우가 많아. 공항에서 비행기 위치를 알려고 레이더를 쓰기도 하고, 경찰관이 자동차의 속도를 알아내는 데도 레이더를 사용하지. 백화점이나 큰 빌딩의 자동문도 레이더의 원리를 이용한 거고 말이야. 또한 레이더를 이용하면 비구름의 위치나 이동 방향, 빠르기도 알 수 있단다.

그럼 레이더의 시작은 언제부터일까? 약 80년 전 영국에서 지구 주위에 무엇이 있는지를 알아보려고 전파를 이용한 데서 시작되었대. 그 후 더욱 발전하여 군대에서 비행기를 감시하고 관리하는 데 사용하게 되었지. 그리고 일반 사람들이 레이더를 사용하게 된 것은 2차 세계대전이 끝난 후인 1946년경 배에서 사용하면서

스텔스

군대에서 사용하는 비행기 중에는 적에게 들키지 않도록 레이더 추적을 막는 장치를 갖춘 것이 있는데, 이런 기술을 '은밀, 비밀'이라는 뜻의 스텔스(stealth)라고 한다. 스텔스 기능이란 원래 상대방의 레이더가 알아채지 못하게 하는 기능을 뜻하는 말이었는데, 이제는 그 의미가 넓어져 적에게 탐지되지 않는 모든 기술을 뜻하게 되었다.

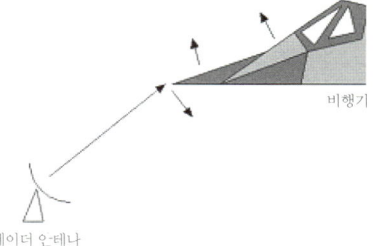

스텔스 기능은 주로 비행기나 배에서 많이 쓰인다. 비행기나 배의 모양이 둥글면 여기에 부딪힌 전파가 모든 방향으로 튕겨 퍼져 나가게 되고, 이 중 일부가 오던 방향으로 되돌아가 레이더의 감지기에 잡힌다. 그래서 스텔스 기능을 가진 배나 비행기는 주로 편평하고 각진 모양으로 되어 있다. 평면은 거의 직각으로 전파가 닿았을 때에는 강하게 반사되지만 그 이외의 각도에서는 오던 방향으로 반사되지 않는다. 이렇게 오던 방향으로 전파가 되튕기지 않기 때문에 레이더 감지기에 잡히지 않는 것이다.

또 스텔스 기능을 가진 배나 비행기에는 특수한 페인트를 칠하여 전파의 반사를 최대한 막고 모두 흡수하도록 한다. 미국 전투기인 F-117은 처음으로 실용적인 스텔스 시대를 연 비행기로, 걸프전 때 큰 활약을 했다고 한다.

부터래.

　이번에는 돼지치기 왕자님의 두 번째 작품인, 모든 곡을 연주하는 딸랑이에 대해 생각해볼까? 하긴 요즘에는 그런 기계가 신기하게 느껴지지 않을 수도 있겠구나. MP3라고 하는 조그만 장치를 이용하면 모든 음악을 들을 수가 있으니까. 게다가 요샌 한 걸음 더 나아가 버스나 지하철 안에서도 텔레비전이나 영화를 즐길 수 있으니, 공주가 이런 장난감을 본다면 어떤 반응을 보였을까? 우리가 이런 놀라운 세상을 매일 아무렇지도 않게 경험하는 것도 모두 과학기술자들의 아이디어가 조금씩 쌓였기 때문에 가능한 게 아닐까?

　그럼 음악이나 소리를 저장했다가 다시 들려주는 기술은 누가 처음 개발하였을까? 음악은 인류 역사와 함께해온 소리의 예술로, 에디슨의 유성기 발명 이후 인류의 진정한 동반자가 되었단다. 지구 역사상 최초로 인간의 목소리를 기록했다가 다시 들려준 유성기의 발명은 오늘날의 '오디오 공학'을 탄생시킨 위대한 첫 걸음이었지. 당시 이 기계를 본 사람들은 자신의 귀를 의심하고, 그 속에 악마가 들어 있다고까지 생각했대. 지금 보면 보잘것없는 간단한 구조를 가진 유성기였지만, 당시만 해도 인간의 상상력을 뛰어넘을 정도로 충격적이었단다.

　유성기의 원리를 알려면 먼저 '소리'라는 것이 어떻게 전달되

● **에디슨의 유성기**
유성기는 레코드에 녹음한 음을 재생하는 장치로, 축음기라고도 한다. 1877년에 미국의 에디슨이 발명하였는데, 당시 사람들은 그 속에 악마가 들어 있다고까지 생각하였다.

는지를 알아야 해. 소리는 쉽게 말해서 '떨림이 전파되는 것'이야. 물에 돌을 던지면 물의 출렁거림이 동심원을 그리면서 가장자리로 퍼져 나가잖아. 소리도 마찬가지야. 어떤 물체, 이를테면 스테인리스 밥그릇을 숟가락으로 때리면 쨍하는 소리가 퍼져 나가는데, 그때 밥그릇의 가장자리에 손을 대보면 그릇이 떨리고 있다는 것을 알 수 있지.

● 유성기는 원반에 홈을 파서 소리를 녹음하고, 바늘을 사용해서 이것을 소리로 재생한다.

이처럼 소리는 물체가 떨릴 때 생겨난단다. 이 떨림이 공기에 전해지면 공기도 물체의 떨림에 맞춰 앞뒤로 움직이지. 공기의 떨림이 옆의 공기에까지 전해져 계속 전파되고 있을 때, 우리는 이를 두고 '소리가 퍼져 나간다'라고 말한단다. 이 떨림이 우리 귀에까지 전해지면 귀의 고막도 같이 떨리는데, 그러면 비로소 우리는 '누가 밥공기를 악기로 사용하는가 보다' 하고 느끼는 거야.

유성기는 홈을 따라 바늘이 움직이게 되어 있어. 처음 만들어진 유성기는 원통의 표면에 홈이 나 있었는데, 나중에는 홈이 원판 위에 달팽이 껍질 모양으로 빙글빙글 돌아가면서 나 있게 되었지. 유성기를 작동시키면 이 홈 위로 바늘이 움직이는데, 홈이 들쭉날쭉하기 때문에 이 길을 따라 움직이는 바늘도 위아래로 움직인단다. 이런 바늘의 움직임이 저장된 소리의 떨림과 같아서 그 소리를 그대로 낼 수 있는 거지. 그리고 이 떨림을 크게 해주면 비로소 사람들이 아름다운 음악을 감상할 수 있게 되는 거야.

● 전자 악기의 하나인 신시사이저는 발진 회로에서 얻은 단음을 전자 회로에서 가공하여 여러 가지 음색을 만들어 내는데, 대부분이 건반 악기 모양이다.

우리가 많이 듣는 음악 CD는 바늘 대신 빛을 이용한다는 게 다를 뿐 기본적인 원리는 크게 다르지 않아. 그러니까 빛을 보낸 다음 반사되어 되돌아오는 정보를 받아 소리로 바꾸는 거지. 또 어학용으로 많이 쓰는 녹음테이프는 자석의 성질을 가진 물체를 이용한 건데, 홈 대신 소리의 떨림에 맞게 N극과 S극의 방향을 달리하여 늘어놓은 거야.

그런데 모든 곡을 연주하는 동화 속 딸랑이는 오늘날의 신시사이저를 생각나게 하기도 해. 신시사이저는 소리의 떨림 현상에 대한 연구 결과를 바탕으로 종소리, 바이올린 소리, 피아노 소리, 드럼 소리 등 다양한 종류의 소리를 만들어내는 장치야. 같은 곡을 연주하더라도 피아노로 연주한 소리와 바이올린으로 연주한 소리가 다르게 들리는데, 이것은 두 악기에서 만들어지는 소리의 떨림이 약간 차이가 나기 때문이야. 해리슨 포드가 주연한 〈긴급명령〉이라는 영화를 보면 목소리의 떨림을 조사하여 주인을 찾아내는 장면이 나오는데, 사람도 말을 할 때 나름의 독특한 떨림을 가지고 있기 때문에 전화 목소리만 듣고도 상대방이 누군지 알아낼 수 있는 거지. 이와 같은 원리를 적용한 음성 인식 시스템이 곧 우리 실생활에도 응용될 거라고 해.

아무튼 이렇게 여러 가지 악기의 독특한 떨림을 알고 있으면 그 악기를 직접 연주하지 않고도 그 떨림을 그대로 만들어서 실제

악기를 연주하는 것과 같은 소리를 낼 수 있어. 이게 바로 신시사이저, 곧 전자 키보드의 원리야. 신시사이저가 등장하면서, 하나의 악기만 가지고도 그룹사운드 연주를 할 수 있게 되었고, 또 아무도 들어본 적 없는 새로운 소리를 만들어내는 것도 가능해졌지. 영화 〈쥐라기 공원〉에 나오는 공룡의 울음소리도 이런 성질을 이용해 새의 소리를 약간 바꾸어 만들어낸 거라고 해.

결국, 돼지치기 소년으로 변한 왕자님이 만들어낸 신기한 물건들은 요즘 사람들 눈에는 그다지 신기할 것도 없을 거야. 우리가 매일 쓰는 물건들이니까. 하지만 이러한 물건들을 만들어내기까지 수많은 과학기술자의 노력이 있었을 테니, 어떻게 보면 이 왕자는 뛰어난 과학기술자였다고 할 수도 있지 않을까?

여기서 잠깐, 과학은 뭐고 기술(공학)은 뭘까를 잠시 생각해보자. 예전에는 과학과 공학을 따로 구분해서 생각하였지. 원래 과학이란 자연현상을 탐구해서 얻은 지식을 체계적으로 정리해놓은 학문이야. 그러니 결국, 과학자가 하는 일은 어떤 자연현상을 자세히 관찰하고, 그러한 현상이 일어나는 이유에 대해 가정을 세우며, 다시 그 가정이 맞는지를 실험으로 검토해 과학 법칙을 수립하는 거야. 이렇게 과학자가 자연의 법칙을 밝히는 데 힘을 쏟는다면, 공학자는 과학적 지식을 바탕으로 현실 속에서 인간의 실제 문제를 해결하는 역할을 하지. 하지만 오늘날에는 과학과 공학

● **신시사이저의 음**
원리적으로는 악기 소리는 물론, 자연음, 동물의 울음소리 등 어떠한 음도 표현할 수 있으나, 경제적 제약 때문에 표현 범위가 한정된다. 또한 조작이 복잡하고 경우에 따라서는 다중 녹음을 해야 하는 단점이 있으나 점차 보완되고 있다.

의 경계가 분명하지 않아. 과학 연구에서도 현실적인 응용을 중요하게 생각하게 되었고, 공학자도 새로운 원리를 발견하고 있거든. 그래서 요즘에는 '과학기술'이라는 말로 뭉뚱그려 이야기하고 있지.

우리 친구들 중에도 장래에 과학기술 분야로 진출하는 친구가 많이 생겼으면 해. 앞으로 우리나라가 계속 세계 일류의 위치를 차지하려면 과학기술 분야에 우수한 인력이 많아야 하거든. 과학기술 분야로 진출하면 개인적으로 하고 싶은 일을 마음껏 하면서도 사회에 봉사할 기회도 많아서 행복한 삶을 살 수 있을 거야.

공학자들은 어떤 일을 할까?

기계공학
- 공장의 생산 장치 개발

건설공학
- 생활환경 개선

화학공학
- 자연 환경에서 생물체나 석유같은 필요한 물질을 얻고 제품을 개발하는 연구

전기전자공학
- 전기나 전기 장치 개발
- 컴퓨터나 통신 장치와 방법 연구

재료공학
- 금속이나 세라믹을 이용하는 방법에 관한 연구
- 새로운 재료를 찾아내는 연구

과학기술자들이 아이들에게 전하는 한 마디

1. 기회는 준비하는 사람에게만 옵니다.
2. 미래는 과학이 바꿉니다.
3. 글로벌한 사람이 되세요.
4. 과학에만 매달리지 말고 철학과 예술에도 많은 시간을 쏟아 상상력을 키우세요.
5. 어린아이다운 질문이 가장 훌륭한 질문입니다. 호기심을 잃지 마세요.
6. 호기심을 따라 점점 파고들어가면 사회도 세상도 우주도 보이고, 우리의 삶도 알게 됩니다.
7. 먼저 도전하세요. 그러면 원하는 결과를 얻을 수 있을 것입니다.
8. 많은 사람이 좋아하지 않는 분야에서 선두주자가 되세요.
9. 처음은 쓰지만 나중에는 반드시 달게 될 학문이 바로 이공계 분야입니다.
10. 꿈이 없는 사람의 인생은 가치 없는 인생입니다.
11. 끝까지 한우물을 파세요.
12. 호기심과 인내심을 키우세요.
13. 과학자는 지식을 바르게 사용해야 합니다.
14. 과학은 노력한 만큼 자신감이 생기는 학문입니다.
15. 의욕만으로는 성공하지 못합니다. 실력을 갖춰야 정말 재미있는 과학을 할 수 있습니다.

안데르센 사이언스 3

엄지 공주

엄지 공주

옛날에 아주 작은 아기를 갖고 싶은 아주머니가 살았어요. 아주머니는 요정을 찾아가서 물었어요.

"어떻게 하면 작은 아기가 생길까요?"

"이 보리알을 심어요. 이건 보통 보리알이 아니니까요."

아주머니는 값을 치르고 보리알을 심었어요. 곧 보리싹이 트더니, 신기한 보리알답게 튤립 꽃봉오리가 맺혔어요. 아주머니가 입을 맞추자 꽃봉오리가 벙실 벌어졌어요.

그런데 그 안에 놀라운 것이 있었어요. 조그만 여자 아이! 어찌나 작은지 겨우 엄지손가락만 한 아이가 있는 거예요. 아주머니가 놀라고 기뻐서 소리쳤어요.

"어머나! 정말 작고 예쁘다. 널 엄지 공주라고 불러야겠어."

아주머니는 호두 껍데기를 잘 다듬어 침대를 만들고, 제비꽃과 장미 꽃잎으로 요와 이불을 장만해주었어요. 그리고 엄지 공주가 물놀이를 하라고, 그릇에 물을 담고 튤립 꽃잎을 띄워주었죠. 튤립꽃은 엄지 공주의 작은 배가 되었답니다.

어느 날 나타난 두꺼비는 엄지 공주를 무척 맘에 들어 했어요.

"작고 예쁜 게, 우리 아들한테 딱 맞는 색싯감이야."

그러더니 엄지 공주가 누워있는 호두 껍데기째 들고 가버렸답니다. 그리고 엄지 공주가 도망치지 못하게 개울가 수련 잎 위에 두었어요. 엄마 두꺼비는 아들 두꺼비와 엄지 공주가 살 신혼집을 꾸미는 일에 정신 없었어요.

사정을 알게 된 엄지 공주는 엉엉 울었어요. 못생긴 두꺼비가 남편이 된다는 건 도저히 참을 수가 없었으니까요. 개울 물고기들은 엄지 공주를 불쌍히 여겼어요.

"우리가 수련 줄기를 물어뜯어 줄 테니, 멀리 가서 행복하게 살렴."

이윽고 수련 잎은 개울물을 따라 너울너울 흘러갔어요. 엄지 공주는 개울 여행을 즐겼답니다. 그렇지만 갑자기 나타난 풍뎅이 때문에 개울물 여행도 끝나고 말았죠. 풍뎅이는 엄지 공주를 낚아채서는 자기가 사는 숲 속 마을로 데려갔어요.

거기서 엄지 공주는 풀잎으로 짠 침대에서 잠을 자고, 꽃에서 꿀을 따서 먹으며 살았어요. 하지만 겨울이 되자 꿀도 구할 수도 없고 너무 추웠어요. 그래서 숲 가까이에 있는 보리밭으로 갔어요.

거기에는 들쥐들의 마을이 있었죠. 엄지 공주는 들쥐들을 찾아다니며 먹을 걸 구했어요. 그걸 본 들쥐 할머니가 말했어요.

"안됐구나. 내가 먹여줄 테니까 대신 청소도 하고 재밌는 이야기도 들려주련?"

그렇게 해서 엄지 공주는 들쥐 할머니 집에서 편히 지내게 되었죠. 들쥐 할머니 집에는 두더지가 자주 왔어요. 들쥐 할머니가 말했어요.

"두더지는 앞을 못 보니까 재미난 이야기나 노래를 불러주렴."

엄지 공주는 두더지에게 노래를 해주었어요. 두더지는 엄지 공주의 사랑스런 목소리에 반했지요. 그래서 자기 집으로 초대를 했어요. 들쥐 할머니는, 부자인데다가 똑똑한 두더지가 엄지 공주와 결혼하는 게 좋겠다고 생각했어요. 그래서 엄지 공주를 데리고 두더지네 집으로 갔지요.

엄지 공주는 두더지가 마음에 들지 않았어요. 두더지는 해님과 아름다운 꽃을 대수롭지 않게 여겼으니까요. 하지만 들쥐 할머니 말을 안 들을 수는 없었지요.

두더지네 집으로 가는 길에는 죽은 제비가 있었어요. 두더지와 들쥐 할머니는, 새들은 지저귀며 노래나 할 줄 알지 다른 건 못한다며 비웃고 지나갔지요.

두더지네 집을 다녀온 그날 밤, 엄지 공주는 잠을 이룰 수가 없었어요. 낮에 본 제비 생각이 자꾸 났기 때문이에요. 그래서 마른풀로 짠 이불을 가지고 제비한테로 갔어요. 제비한테 이불을 덮어주며 중얼거렸어요.

"여름에 네가 불러주는 노래가 얼마나 고마웠는지 몰라."

그리고 제비 가슴에 머리를 살짝 기댔다가 흠칫 놀라고 말았어요. 희미하게 뛰는 제비의 심장소리를 들은 거지요. 그 제비는 가시덤불에 날개 한 쪽을 다쳐서 남쪽 나라로 내려가지도 못하고 있다가 갑자기 날씨가 추워지자 기절해버리고 말았던 거예요.

겨우내, 엄지 공주는 제비를 위해 물도 떠주고, 따뜻한 솜도 모아다 주었어요. 봄이 오자 엄지 공주는 제비가 날아갈 수 있도록 천장 구멍을 열어주었어요. 그러자 제비가 말했어요.

"내 등에 타요. 초록 숲으로 데려다 줄게요."

엄지 공주는 그렇게 하고 싶었죠. 하지만 그럴 수가 없었어요.

"내가 이렇게 떠나면 들쥐 할머니가 몹시 슬플 거야."

이윽고 제비가 날아가자 엄지 공주는 주르르 눈물을 흘렸어요.

보리가 무성하게 자라자, 들쥐 할머니가 야단스레 말했어요.

"결혼 준비를 서둘러야겠다. 두더지가 올 가을에는 너와 결혼을 하겠다고 했거든."

결혼식 날이 다가올수록 엄지 공주는 더 자주 집 밖으로 나가 파란 하늘을 바라보았어요. 두더지가 싫다고 들쥐 할머니한테 말했지만 아무 소용도 없었어요. 따분한 두더지가 도저히 좋아지지도 않았어요. 그래서 밖으로 나와 괴로운 마음을 달랬던 거예요.

밖으로 나와 햇볕을 쬐던 어느 날이었어요.

"지지배배, 지지배배."

그건 지난 겨울 엄지 공주가 돌봐준 제비였어요. 엄지 공주는 제비에게 신세를 털어놓으며 눈물을 흘렸어요. 그러자 제비가 말했어요.

"난 이제 따뜻한 나라로 날아가요. 나랑 같이 갈래요?"

엄지 공주는 기뻐하며 제비 등에 올라탔어요.

따뜻한 남쪽 나라에는 온갖 꽃들이 화려하게 피어 있었어요. 제비는 유난히 탐스럽게 핀 하얀 꽃들 사이에 엄지 공주를 내려놓았죠.

  그곳에서 엄지 공주는 너무나 놀라운 걸 보게 되었어요. 하얀 꽃 송이마다 작은 사람들이 살고 있었으니까요. 바로 꽃의 천사들이었죠. 수정으로 만든 것처럼 하얗고 투명한 작은 사람 하나가 엄지 공주에게 다가왔어요. 그 작은 사람은 꽃의 천사들의 왕이었어요.

  꽃의 왕자는 쓰고 있던 왕관을 벗어서 엄지 공주에게 씌워주며 말했어요.

"아내가 되어 모든 꽃들의 여왕이 되어주시오."
두꺼비나 두더지에 비하면 너무나 훌륭한 신랑감이었죠. 엄지 공주는 청혼을 받아들였어요.

  결혼식 날 엄지 공주가 받은 최고의 선물은 커다란 날개 한 쌍이었어요. 엄지 공주는 그 날개를 달고 이 꽃 저 꽃으로 맘대로 날아다녔답니다.

[엄지 공주]

난쟁이의 세포 크기와 식사량

만약, 이야기 속에 나오는 것처럼 엄지손가락만 한 사람이 있다면 어떨까? 그들은 몸 속의 세포도 작을까? 또 식사량은 얼마나 될까? 엄지 공주처럼 '꽃에서 나온 꿀과 풀잎에 맺힌 이슬'만 먹고 살 수 있을까? 자, 지금부터 엄지 공주의 비밀을 알아보자.

아주 작은 아이를 갖고 싶어 했던 부인은 아마 혼자 살거나 남편이 일찍 세상을 떠서 아이를 가질 수 없는 형편이었을 거야. 또 요즘과 달리 당시에는 의사 선생님이라 해도 아기가 어떻게 생기는지 정확히 몰랐기 때문에 아이를 가지는 방법을 알려줄 수 없었을 거야. 우리 친구들은 어떠니? 처음 엄마 뱃속에서 아기가 생겼을 때 어떤 모습인지 알고 있니?

아기는 어른과 비슷한 모습이지만 몸 크기는 아주 작지. 그래서 옛날에는 아기가 생길 때, 모습은 어른과 같고 크기만 아주 작을(눈에 보이지도 않을 만큼) 거라고 생각했단다. 이런 생각은 현미경 발명 후까지도 이어져서, 그때까지도 남자의 정자 안에는 이미 사람의 모습처럼 완전한 형태를 갖춘 '호문쿨루스'라는 아주 작은 사람이 들어 있다고 생각했단다. 또 정자가 여성의 몸으로 들어가면 마치 꽃밭에서 식물의 씨가 싹이 트고 자라는 것처럼, 자궁의 활동으로 정자에서 호문쿨루스가 나와 자란다고 생각했지. 그래서인지 옛날 사람들은 아주 작은 사람도 태어날 수 있다는 생각을 했단다. 물론, 지금은 이것이 모두 사실이 아니라는 것을 알고 있지만 말이야.

● 17세기 말 유럽의 한 과학자는 정자의 머리 속에 웅크린 모습의 작은 사람이 있을 것이라고 상상하여 이것을 그림으로 남겼다.

만약, 이야기 속에 나오는 것처럼 엄지손가락만 한 사람이 있다면 어떨까? 엄지 공주는 호두 껍데기로 만든 침대에서 제비꽃과 장미 꽃잎으로 만든 요와 이불을 덮고 자고, 그릇에 담긴 물 위에서 튤립 꽃잎으로 만든 작은 배를 타고 놀았다고 하니 실제로 존재한다면 참 귀엽고 깜찍할 거야.

엄지손가락만 한 크기의 사람이 실제로 존재한다는 것은 상상 속의 일일 뿐이지만, 때로 보통 사람들보다 아주 작은 사람들은 있을 수 있어. 이런 사람들을 난쟁이라고 부르는데, 난쟁이들은 유전적으로 아주 키가 작은 유전자를 부모님으로부터 물려받은 사람들이란다. 난쟁이의 학술적인 명칭은 '연골 발육 부전증'인데 약 2만 5천 명당 1명꼴로 나타나는 왜소증의 한 형태야.

그렇다면 키가 작은 사람들은 몸속의 세포도 작을까? 우리 친구들 생각은 어떠니?

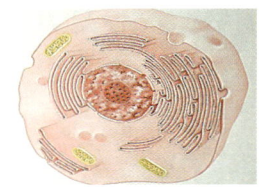

● 세포는 생물체를 이루는 기본 단위로 동물 세포와 식물 세포로 나누며, 핵의 유무에 따라 진핵세포와 원핵세포로 나눈다.

우선, 동물 몸을 예로 생각해보자. 고래와 생쥐는 세포의 크기가 다를까? 언뜻 생각하면 몸집이 큰 고래가 생쥐보다 세포가 클 것 같지만, 사실은 모든 동물의 세포는 크기가 비슷하단다. 왜 그럴까?

세포는 생명체가 살아가는 데 필요한 대사 활동을 하는 가장 작은 단위야. 세포는 주위 환경에서 필요한 물질은 받아들이고 노폐물은 밖으로 내보내는데, 이것은 세포막이라고 하는, 세포를 둘러싼 표면을 통해서 일어나. 그런데 살아있는 세포가 성장을 하게 되면 밖으로부터 물질을 받아들이고 노폐물을 내보내는 속도가 빨라진단다. 마치 큰 공장이 작은 공장보다 원자재 물질을 더 많이 쓰게 되고 결과적으로 폐수나 쓰레기를 더 많이 내보내는 것처럼 말이야.

이때 세포의 부피가 증가하는 속도는 세포의 대사 활동을 담당하는 표면적이 증가하는 속도보다 훨씬 빨라진단다. 예를 들면, 세포의 길이가 2배로 커지면 부피는 세제곱인 8배가 증가하는데 표면적은 4배만 증가하게 되거든. 그런데 이렇게 되면 세포막은 부피가 너무 커진 세포의 생명을 유지하는 데 필요한 대사 활동을 충분히 해낼 수가 없게 돼. 그래서 대사 활동을 충분히 하기 위해 세포들은 어느 정도 일정한 크기에 도달하면 더는 커지지 않고, 대신 분열을 하여 수를 늘리게 되지. 그 때문에 큰 생물체는 작은

● 대사 활동

생물체가 몸 밖에서 섭취한 영양물질을 몸 안에서 분해하여 생명 활동에 필요한 물질이나 에너지를 생성하고, 필요없는 물질을 몸 밖으로 내보내는 작용.

생물체에 비해 세포가 큰 것이 아니라 수가 많은 거란다.

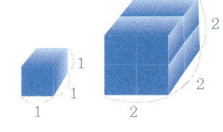

정육면체의 표면적과 부피

길이 (키)	1	2	
표면적	1×1×6 =6	2×2×6 =24	4배 증가
부피 (몸무게)	1×1×1 =1	2×2×2 =8	8배 증가

● 세포가 커짐에 따라 그 부피는 표면적보다 더 빠르게 증가한다. 세포는 표면적 대 부피의 비를 일정하게 유지해야 하는데, 이것은 큰 생물체가 몇몇 개의 거대한 세포보다는 오히려 수많은 작은 세포로 이루어져 있는 이유를 설명해준다.

같은 원리로 생각해보면 엄지 공주는 세포의 개수는 적지만 크기는 다르지 않단다. 그럼 엄지 공주는 얼마나 먹을까? 정말 조금만 먹어도 살 수 있을까?

동화 속에서 엄지 공주는 엄지손가락보다 약간 작다고 했으니 키가 약 5센티미터 정도일 거야. 평균 키를 160센티미터라고 하면 엄지 공주의 키는 160÷5=32, 즉 평균 키보다 32분의 1만큼 작은 셈이란다. 물론, 그보다 키가 큰 사람과 비교하면 차이는 더 벌어지겠지. 그렇다면 키가 160센티미터인 사람의 몸은 엄지 공주의 몸보다 얼마나 더 크다고 할 수 있을까? 몸의 크기는 '부피'로 계산해야 하니까 '길이'로 재는 키의 비율과는 달라진단다. 키의 비율이 32 : 1이었으니 몸의 크기는 부피로 계산해서 $32^3 : 1^3$ = 32 × 32 × 32 : 1×1×1, 즉 32,768 : 1이 되는 셈이지. 이렇게 엄지 공주의 몸이 우리 몸보다 32,768배만큼 작다면 먹는 음식의 양은 어떨까?

과학자들은 동물의 몸 크기와 먹는 음식량의 관계를 조사했어. 대개 동물이 먹이를 먹는 것은 활동하는 데 필요한 에너지를 얻기 위해서이고, 특히 정온(定정할-정溫따뜻한-온)동물은 이 에너지 중 상당한 양을 체온을 유지하는 데 쓰지. 여기서 주의할 점은 몸에서 열을 발산하여 체온을 잃는 것은 몸의 크기와 관련된 것이 아

● 정온동물은 기온과 관계없이 일정한 체온을 유지할 수 있는 동물로 변온(變변할-변溫따뜻할-온)동물에 대응하는 말이다. 포유류와 조류가 여기에 속한다.

● 북극곰 혹은 백곰이라고도 한다. 몸길이는 2~3미터, 몸무게는 150킬로그램에서 무려 650킬로그램이나 나가기도 한다. 비싼 값으로 팔리는 모피 때문에 최근 멸종 위기에 처했으므로 미국·러시아·캐나다·덴마크 등에서 수렵 금지 조치를 하여 보호하고 있다.

니라 몸의 표면적과 관련되었단 거야. 영양소 흡수도 마찬가지야. 세포의 표면을 통해 흡수하니까 말이야. 따라서 동물이 살아가려고 대사 활동을 하는 데는 몸의 크기, 즉 부피나 몸무게보다는 표면적이 더 중요한 요소가 된단다.

그런데 몸이 커지면 불어나는 몸무게에 비해 표면적이 커지는 비율은 상대적으로 작아지게 되지. 앞에서 세포가 커질 때와 같은 이치란다. 몸무게는 '부피'의 비로 늘어나니까 세제곱으로 증가하지만, 몸의 표면적은 '넓이'의 비로 늘어나니까 제곱으로 증가하겠지. 길이가 5센티미터인 생쥐와 15센티미터인 들쥐의 몸무게와 표면적을 비교해보면 금방 알 수 있지 않을까? 몸무게는 $5^3 : 15^3 = 125 : 3{,}375 = 1 : 27$의 비율이 되지만, 표면적은 $5^2 : 15^2 = 25 : 225 = 1 : 9$의 비율이 되어, 표면적이 느는 것이 몸무게가 느는 것에 비해 훨씬 적은 것을 알 수 있어. 그러므로 같은 종의 동물이라면 몸이 큰 동물이 작은 동물보다 체온을 덜 뺏기게 된단다. 북극지방에 사는 곰이 온대지방에 사는 곰보다 덩치가 더 큰 거처럼 말이야. 또 몸이 작은 사람들이 큰 사람보다 추위를 더 많이 타는 것도 같은 예가 될 거야.

따라서 몸이 큰 동물일수록 단위 무게당 에너지 소모율은 줄어들게 돼. 즉, 큰 동물일수록 먹는 음식의 양이 몸무게에 비례해서 증가하는 것이 아니라 그보다는 더 적다는 거지. 뒤집어 이야기하면, 몸이 작은 동물일수록 큰 동물보다 더 많이 먹어야 한다는 거야.

이제 엄지 공주가 얼마나 많은 에너지를 쓰는지, 즉 얼마나 먹어야 하는지 알아보도록 하자. 우리의 몸무게는 엄지 공주보다 32,768배 크지만 에너지는 엄지 공주보다 2,435배 더 필요하단다. 기초 대사량을 이용해 계산을 하면 이런 결과가 나오는데, 그 과정은 너무 어려우니 여기서는 생략할게. 아무튼 우리가 엄지 공주보다 2,435배만큼 많이 먹어야 한다는 얘긴데, 32,768배나 더 큰 몸무게를 가지고 겨우 2,435배만큼의 음식물만 더 먹으면 되는 거니까 우리가 엄지 공주보다 훨씬 더 효율적으로 에너지를 쓰는 편이란다. 그러나 거꾸로 말하면 엄지 공주는 우리보다 단위 무게당 32,768 ÷ 2,435 = 13.5배만큼 더 먹어야 한다는 이야기가 돼. 그렇다면 엄지 공주는 하루에 세 끼 식사를 해야 하는 것이 아니라 3 × 13.5 = 40.5, 약 40끼의 식사를 해야 하니, 종일 먹고 있어야만 한다는 이야기가 되지. 잠자는 시간 8시간을 빼면 거의 24분마다 한 끼의 식사를 해야 한다는 계산이 나오니까 말이야. 즉, 엄지 공주가 동화에 나온 대로 '꽃에서 나온 꿀과 풀잎에 맺힌 이슬'만 먹고산다면 힘이 없어서 아마 아무 일도 못하고 쓰러지게 될 거야.

자, 어떠니? 이제 궁금증이 좀 풀렸니? 엄지 공주는 자신과 다

● **기초 대사량**
생명체가 생명을 유지하는 데 필요한 최소한의 에너지량. 체온 유지나 호흡, 심장 박동 등 기초적인 생명 활동에 쓰이는 에너지량이다.

24(시간)-8(시간)=16시간,
16(시간)×60(분)=960분,
960(분)÷40(끼)=24분

● 엄지 공주는 잠자는 시간 8시간을 빼면 약 24분마다 한 끼의 식사를 해야 한다.

른 동물들을 만나 고생을 많이 했지. 하지만 마지막에 찾아간 꽃의 천사들이 사는 마을에서는 행복했을 거야. 자신과 비슷하게 사는 사람들을 만난 거니까. 아마 그들은 꽃과 꽃 사이를 날아다니며 행복하게 살았을 거야. 24분마다 식사를 하면서 말이야. 우리 친구들도 한 번쯤 그런 나라에 가보고 싶지 않니? 엄지 공주도 만나고 말이야. 자, 그럼 이번엔 바다 속에 사는 인어 공주를 만나러 가볼까?

캐나다의 엄지 공주

2007년 6월에 MBC TV의 한 프로그램에서는 캐나다 온타리오 주에 사는 '인형소녀'를 소개했다. 키 65센티미터에 몸무게가 겨우 4.5킬로그램인, 케나디라는 이름의 이 소녀는 '원발성왜소증'이라는 희귀병을 앓고 있다고 한다. 원발성왜소증은 백인 약 300만 명 중 1명꼴로 나타나는 질병인데, 태아가 엄마의 몸 안에서 자랄 때 정상적으로 발달하지 못한 발달장애의 일종이다. 유전성 질병은 아니라서 케나디를 제외하고 다른 가족은 키가 작지 않다.

케나디는 태어날 때부터 워낙 작은 탓에 인형 옷을 입고, 인형 소파와 인형 화장대를 사용해 생활하고 있다. 그래서 인형소녀라는 애칭이 붙었다. 태어날 때도 보통 신생아는 몸무게가 3킬로그램 안팎인 데 반해, 케나디는 1.1킬로그램밖에 되지 않았다. 당시 몸이 너무 허약해서 얼마 살지 못할 것이라는 의사의 진단을 받았지만, 부모의 정성스런 보살핌으로 5세가 된 지금도 건강하게 지내고 있다고 한다.

만 4세부터 성장이 멈춘 케나디는 6개월짜리 영아의 옷을 입고 있으며, 양말은 3개월짜리 영아의 것을 신는다. 또 음식은 가리지 않고 먹지만, 먹는 양이 많지 않다고 한다. 케나디 엄마에 따르면 케나디는 적게 자주 먹으며, 자고 일어나면 힘이 거의 없는 상태라고 한다. 그래서 케나디 엄마는 영양을 고르게 채워주기 위해 비타민과 각종 영양소가 보강된 우유를 먹인다고 한다.

인어 공주

바다 속은 끝을 알 수 없을 정도로 깊답니다. 아주 아주 긴 닻줄을 풀어도 바닥에 닿지 않을 정도로, 세상에 있는 교회 종탑을 모두 포개놓아도 모자랄 정도로요.

그렇게 깊은 곳이라고 모래만 있는 건 아니지요. 신기한 바다 꽃과 식물들이 자라니까요. 물결이 살랑대면 이 꽃과 나무들이 부드럽게 흔들거리죠. 그리고 크고 작은 물고기들이, 땅에서 새가 나무들 사이로 날아다니듯 헤엄을 쳐요.

거기에는 왕이 사는 궁궐도 있어요. 붉은 산호로 쌓아올린 벽에 조가비 지붕이 얹혀 있지요. 조가비 지붕은 물이 밀려들 때마다 저절로 열렸다간 닫힌답니다.

왕은 오래전 아내를 잃고 여섯 공주와 살고 있었어요. 여섯 공주는 모두 아름다웠지만, 그 누구도 다리는 가지지 않았답니다. 대신 물고기 꼬리가 달렸지요. 인어니까요.

인어 공주들은 인간 세상을 신기하게 여겼어요. 그렇지만 아무도 막내 공주만큼은 아니었어요. 막내 공주는 할머니를 졸라서 인간 세상 이야기를 듣곤 했어요. 인간들 사는 곳에는 꽃이 향기를 내뿜고, 새가 노래를 한다는 걸 신기하게 여겼어요. 그러면 할머니는 이렇게 말씀하셨죠.

"너도 열다섯 살이 되면 직접 보게 될 거야."

인어 공주들은 열다섯 살이 되어야 바다 위로 나갈 수 있었거든요. 언니들은 모두 바다 위로 나갔고, 돌아와서는 본 것들을 이야기해주었어요. 그때마다 막내 공주는 '아, 나도 빨리 열다섯 살이 되었으면!' 하고 부러워했답니다.

드디어 막내 공주의 열다섯 번째 생일날이 되었어요. 할머니가 해주시는 치장이 끝나자 막내 공주는 가볍게 물 위로 떠오르기 시작했죠. 마침내 공주의 얼굴이 물 위로 솟구쳤어요.

해가 지고 있었고, 배 한 척이 떠 있었어요. 날이 어두워지며 배에 등불이 켜지자, 인어 공주는 어둠 속에서 환하게 빛을 내는 배 가까이 다가갔어요. 창문을 통해 크고 검은 눈을 가진 왕자를 보게 되었어요. 왕자는 그날 배에서 벌어진 생일 잔치의 주인공이었죠.

인어 공주는 왕자에게서 눈을 뗄 수가 없었어요. 그래서 등불이 모두 꺼졌지만 선실 창문 곁을 떠나지 않았지요. 그런데 한밤이 되자 물결이 차츰 높게 일렁이더니, 산더미처럼 높은 파도가 기어이 배를 두 동강 내고 말았어요.

'왕자님은 어디 계신 거지?'

인어 공주는 부서진 배의 파편이 떠다니는 위험한 바다를 헤엄치며, 왕자를 찾아 돌아다녔어요. 두 눈을 감은 채 팔다리를 축 늘어뜨린 왕자를 발견하자, 왕자를 떠받치고는 밤새도록 헤엄쳤어요.

날이 밝자 아침 햇살이 두 눈을 감은 왕자의 얼굴에 비껴들었어요. 공주는 왕자에게 입을 맞추었어요. 그리고 제발 살아나기를 기도했답니다.

어느덧 육지가 보이자, 인어 공주는 왕자를 바닷가로 데려가 눕혔어요. 그리고 커다란 바위 뒤에 몸을 숨긴 채 왕자가 어떻게 되는지 지켜보았죠. 바닷가 주변에는 커다란 수도원이 있었는데, 거기서 나온 한 아가씨가 왕자를 발견했어요. 그 아가씨는 사람들을 불렀고, 왕자는 수도원 안으로 옮겨졌어요.

그날부터 인어 공주는 수도원이 있는 바닷가로 찾아갔지만, 왕자를 다시 보지는 못했어요. 인어 공주는 슬픔에 휩싸이게 되었지요. 막내 인어 공주의 슬픔을 알게 된 언니들은 왕자가 있는 곳을 알아보았어요.

"막내야, 우리가 왕자가 있는 궁전을 알아냈어. 얼른 따라와."

왕자가 사는 궁전 한쪽 끝 계단은 바다로 이어졌답니다. 인어 공주는 그곳까지 다가가 왕자를 살펴보곤 했어요.

왕자에 대한 인어 공주의 마음은 날로 커갔어요. 그러다 보니 사람이 좋아졌고, 아예 인간 세상에서 살고 싶어졌어요. 그러자 사람 세상에 대한 궁금증이 더욱 커졌죠.

"할머니, 사람들이 물에 빠지지만 않으면 영원히 살아요?"

"사람들도 죽지. 하지만 우리랑은 좀 다르단다. 우리는 삼백 년을 사는 대신 죽으면 물거품으로 변하잖니. 인간은 백 년 남짓 살다 죽는데, 몸은 흙이 되지만 영혼은 영원히 산단다."

"나도 영혼을 얻고 싶어요."

"불가능하단다. 혹시 어떤 사람이 너만 사랑한다면 모를까. 그렇지만 사람들은 우리 꼬리가 흉측하다고 생각하니까 우리를 사랑하는 일은 없을 거야."

인어 공주는 한숨을 쉬며 자기 꼬리를 바라보았어요. 할머니는 그런 막내 공주를 즐겁게 해주려고 화려한 궁중 무도회를 열었답니다.

그날 밤 궁중에 모인 인어들은 모두 즐겁고 신이 났지만, 막내 공주만은 그렇지 않았어요. 멀리서 희미하게 뱃고동 소리가 울렸어요.

'왕자님이 탄 배일 거야. 왕자님의 사랑을 얻고 싶어. 마녀라면 방법을 알겠지? 모두 춤추느라 정신이 없으니까 지금 마녀에게 가보자.'

인어 공주는 혼자 몰래 궁궐을 빠져나왔지요. 인어 공주를 본 마녀가 먼저 입을 열었어요.

"네가 무얼 원하는지 알지. 하지만 꼬리가 변한 다리는 걸음을 옮길 때 엄청나게 아프지. 뾰족한 바늘과 날카로운 칼 위를 걸어가는 거랑 똑같은데, 그래도?"

"어떤 아픔도 참겠어요."

"다시 인어의 몸이 될 수도 없어. 또 왕자가 널 사랑하지 않는다면, 네 심장은 산산이 부서져서 물거품이 되는데도?"

인어 공주는 얼굴이 백지장처럼 하얗게 질린

채 말했어요.

"괜찮아요."

"좋아, 만들어주지. 대신 나한테 네 목소리를 줘. 네 목소리는 인어들 사이에서 제일 아름다우니까 말이야."

인어 공주는 어떤 대가를 치르고라도 왕자와 만나고 싶었지요. 그래서 입을 벌리고 말았답니다.

마침내 마녀는 투명한 물약 한 병을 만들어주었어요. 약병을 가슴에 꼭 안은 공주는 물 위로 솟구치기 시작했어요. 왕자가 사는 궁전, 바닷물이 닿는 대리석 계단에 기대앉았어요. 휘황찬란하게 쏟아지는 달빛 아래서 마법의 물약을 마시자, 날카로운 칼이 온몸을 뚫고 지나가는 듯한 아픔에 정신을 잃고 말았어요.

인어 공주가 다시 정신을 차렸을 때는, 놀랍게도 왕자가 공주를 지켜보고 있었답니다.

"이름은 무엇이지요? 어디서 왔나요?"

인어 공주는 아무 대답도 할 수 없었지요. 슬픈 표정으로 왕자를 바라볼 뿐이었어요. 왕자는 인어 공주를 성으로 데려갔어요.

마녀 말은 사실이었죠. 왕자를 뒤따라 걷는데, 말할 수 없이 날카로운 고통에 인어 공주는 숨이 멎는 것 같았으니까요. 한 걸음씩 발을 뗄 때마다 뾰족한 바늘 위를 걷는 아픔이 그대로 몰려오는 거예요. 하지만 인어 공주는 아픈 표정은 하나도 짓지 않고, 물거품처럼 가볍고 우아하게 걸음을 옮겼답니다.

왕자는 어여쁘고 우아하게 걷는 인어 공주를 사랑했어요. 그래서 함께 말을 타고 먼 숲으로 달리기도 하고, 같이 춤도 추었어요. 하지만 왕자의 사랑은, 어린 동생에 대한 사랑이었죠. 왕자가 사랑하는 사람은 따로 있었으니까요. 바닷가에서 자신을 구해준 아가씨 말이에요. 이 사실을 안 인어 공주의 가슴은 천 갈래 만 갈래로 찢어지고 말았어요.

"왕자님의 목숨을 구해준 것은 바로 나예요."

인어 공주는 힘껏 외쳤어요. 하지만 목소리를 잃은 인어 공주의 외침은 밖으로는 한 마디도 나오지 못했어요. 어느 날 왕자가 인어 공주에게 말했어요.

"이웃나라 공주를 만나러 가야 해. 부모님이 그 공주랑 결혼하기를 원하셔. 하지만 내가 사랑하는 사람은 따로 있으니까, 결혼은 안 할 거야. 배로 갈 텐데 바다가 무서운 건 아니겠지, 벙어리 아가씨?"

인어 공주는 바다를 생각하며 잠자코 미소만 지을 뿐이었지요.

이웃나라에 도착하자, 기절할 듯한 일이 기다리고 있었죠. 이웃나라 공주를 본 왕자가 이렇게 말한 거예요.

"아! 바로 당신이에요! 내 생명을 구해준 사람!"

왕자는 달려가 이웃나라 공주를 껴안았어요. 그리고는 아주 기쁜 얼굴로 인어 공주에게 이렇게 말했어요.

"내 소원이 이뤄졌어. 난 지금 너무 행복해."

인어 공주는 와르르 무너져 내리는 가슴을 안고 왕자의 손에 입을 맞출 뿐이었죠. 두 사람의 결혼을 알리는 교회 종소리가 높이 울려 퍼졌지만, 인어 공주에게는 아무것도 들리지 않았어요.

밤이 되어 신랑 신부가 화려하게 꾸며진 배에 올라타고, 결혼을 축하하는 흥겨운 잔치가 시작되었어요. 그날 밤 인어 공주는 살아오면서 가장 아름다운 춤을 추기 시작했답니다.

뱅글뱅글 돌며 춤을 추는 인어 공주에게 모두 탄성을 내질렀어요. 하지만 날카로운 칼로 두 발을 베어내는 듯한 아픔을 겪는 줄은 아무도 몰랐죠. 하지만 그 고통은 인어 공주에게 아무것도 아니었죠. 마음의 아픔은 그보다 천 배는 컸으니까요.

'아침 해가 떠오르면 난 물거품으로 변하겠지. 왕자님과 함께 있는 마지막 밤이구나.'

사랑을 얻지 못해 영혼을 가질 수도 없는 인어 공주를 남겨두고, 왕자는 신부와 함께 신방으로 들어가 버렸어요. 배에 탄 사람들도 하나둘씩 잠자리에 들었고요.

인어 공주는 배의 난간에 기댄 채 동쪽 하늘을 바라보았어요. 그때 언니들이 바다 위로 나타났어요. 언니들을 보다가 인어 공주는 몹시 놀랐어요. 언니들 머리카락이 싹둑 잘려 있었으니까요. 한 언니가 말했어요.

"널 구하려고 마녀에게 우리 머리카락을 다 잘라주었어. 그리고 이 칼을 만들었어. 자, 받아. 해가 떠오르기 전에 이 칼을 왕자의 가슴에 꽂아. 왕자의 피가 네 발을 적시면 꼬리가 다시 자란대. 아, 저기 하늘이 붉어지고 있네. 서둘러야 해. 아침 해가 떠오르면 소용없어. 넌 죽고 만단 말이야!"

언니들은 급히 파도 속으로 사라졌어요.

인어 공주는 왕자의 방으로 들어갔어요. 왕자는 신부와 나란히 잠들어 있었지요. 인어 공주는 왕자의 이마에 입을 맞추었어요. 그런 다음 창밖을 보니, 하늘이 장밋빛으로 점차 밝아오는 거예요.

인어 공주는 칼을 높이 치켜들었어요. 칼을 쥔 손이 부르르 떨렸어요. 왕자를 바라보는 인어 공주의 눈은 한없이 슬펐답니다.

그다음 공주는 칼을 멀리 바다 속으로 던져버렸어요. 그리고 몸도 던졌지요.

바다 위로 해가 완전히 떠올랐어요. 따스하고 부드러운 햇살이 한때는 인어 공주였던 차가운 물거품을 비추었답니다.

[인 어 공 주]

심해 탐사

우리 인간은 아직 물고기처럼 자유롭게 바다를 누비고 다닐 수는 없지만, 잠수정을 통해 심해 수천 미터나 되는 깊은 곳을 탐사하는 데는 성공했단다. 그곳에는 인어 공주가 사는 용궁은 없지만 여러 가지 신기한 생물들이 살고 있단다. 지금부터 깊은 바다 속으로 모험을 떠나볼까?

아주 오랜 옛날부터 사람들은 이런 꿈을 꾸어왔단다. '우리도 새처럼 날개가 있어서 하늘을 한없이 날아다닐 수 있었으면…….' '우리도 물고기처럼 바다 속을 마음껏 헤엄치며 누비고 다녔으면…….' 하는 꿈들을 말이야. 레오나르도 다 빈치 같은 발명가나 라이트 형제는 사람들이 가진 이러한 꿈들을 실현하려고 끊임없이 노력했던 사람들이고, 그런 위인들의 업적이 쌓여 오늘날 우리는 비행기를 타고 멀리 외국까지도 갈 수 있게 되었단다. 그리고 잠수정 같은 탈것을 만들어내어 바다 속 깊은 곳의 신비를 들여다볼 수도 있게 되었지. 하지만 아직도 물고기처럼 자유롭게 바다 속을 누비고 다닐 수는 없단다. 그런데 그런 우리의 꿈을 아름답고도 슬픈 동화로 그려낸 분이 계셔. 바로 '인어 공주'를 지어낸 안데르센 아저씨야.

우리 친구들은 언제 처음 인어 공주를 알게 되었어? 안데르센의 동화를 읽고 처음 알게 된 친구도 있겠지만, 디즈니의 만화영화를 먼저 본 친구도 있을 거라고 생각해. 그런데 동화와 만화영화의 줄거리가 서로 다르다는 것을 알고 있니? 안데르센의 동화에서는 인어 공주가 물거품이 되어 왕자와 이별하는 걸로 끝나지. 그런데 이 동화를 만화영화로 만든 사람들은 어린이들에게 희망과 행복을 보여주고 싶었던지 줄거리를 조금 바꾸어 해피엔딩으로 만들어버렸어. 인어 공주가 나중에 목소리도 찾게 되고 왕자와 행복하게 잘살았다는 이야기로 말이야. 우리 친구들은 어떤 이야기를 더 좋아할까?

아무튼 우리의 인어 공주는 바다 속 깊은 용궁에서 행복하게 살고 있었지. 동화에서 보면 인어 공주의 궁전은 '세상에 있는 교회 종탑을 모두 포개놓아도 모자랄 정도로' 아주 깊은 곳에 있다고 했어. 그러면 도대체 얼마나 깊은 곳에 있다는 말일까? 아빠 생각엔 아마도 수면으로부터 수천 미터나 되는 깊은 곳일 거 같아. 그러니까 지금 우리가 '해구(海바다-해 溝봇도랑-구)'라고 부르는 곳이 아닐까 싶어.

● 해구
심해저에서 움푹 들어간 좁고 긴 곳으로, 보통 수심이 6,000미터 이상인 곳을 가리킨다. 북태평양 서쪽에 많이 있는데, 필리핀 해구·일본 해구가 유명하다.

해구란 바다 밑바닥에 나 있는 거대한 틈새를 부르는 말이야. 이 해구는 바다 밑바닥의 거대한 땅덩어리가 다른 땅덩어리 밑으로 들어가면서 생긴 틈새란다. 지구 속 깊은 곳의 땅덩어리들은 우리가 모르는 사이에도 조금씩 끊임없이 움직이고 있거든.

그러면 지구 표면의 3분의 2를 뒤덮은 바다 중에서 가장 깊은 곳은 어디일까? 온 세상의 바다에서 제일 깊은 곳은 북서태평양에 있는 마리아나 해구란다. 마리아나 해구의 깊이는 자그마치 1만 911미터나 된다는구나. 굉장하지 않니? 바다 속으로 10킬로미터나 더 깊이 내려가야 하니 말이야. 그러니 인어 공주가 사는 용궁이 아무리 깊은 곳에 있다고 해도 해저 1만 911미터보다 더 깊지는 않겠지?

이쯤 되면 또 궁금해지는 게 하나 있어. 세상에서 제일 깊은 바다라는 이 마리아나 해구에 들어가 본 사람이 있을까 하는 거야. 물론, 맨몸으로 잠수해서 들어갈 수 없다는 건 우리 친구들도 잘 알 거야. 그럼 어떻게 바다 깊은 곳에 들어갈 수 있을까? 그렇지! 잠수정을 타고, 그것도 깊은 바다에 들어갈 수 있도록 특별히 만든 심해(深깊을-심海바다-해) 잠수정을 타고 들어간단다. 깊은 바다에 들어가려면 머리 위에서 짓누르는 엄청난 물의 무게, 즉 어마어마한 수압(水물-수壓누를-압)으로부터 우리 몸을 보호해야 하니까. 지금부터 약 50년 전인 1960년에 이미 자크 피카르 박사와 돈 월시 대

● **마리아나 해구**
태평양 서부 마리아나 제도의 동쪽에 있는 해구. 깊이가 1만 911미터로 세계에서 가장 깊은 바다이다.

위는 '트리에스테'라는 심해 잠수정을 타고 마리아나 해구 탐사 여행을 했단다. 탐사에는 무려 8시간 30분이나 걸렸는데, 두 사람이 마리아나 해구에서 머문 시간은 20분 정도였단다.

동화에서 보면 인어 공주가 사는 용궁은 이루 말할 수 없이 아름답다고 해. 궁전 밖 정원의 선홍색 꽃과 검푸른 꽃, 황금빛으로 빛나는 과일, 유황의 불길처럼 푸른색의 모래, 눈처럼 흰 맑은 돌, 장밋빛처럼 붉은 수양버들 등 형형색색의 아름다운 경치가 펼쳐져 있지. 그런데 우리가 만약 인어 공주와 함께 바다 깊이 들어간

● 자크 피카르와 돈 월시는 1960년 1월, 트리에스테호를 타고 마리아나 해구를 탐사했다.

 심해 탐사를 한 우리나라 과학자

우리나라 과학자 중에도 깊은 바다 속을 탐사하고 온 사람이 있지 않을까? 물론, 우리나라에도 심해 탐사를 하고 온 과학자가 몇 명 있는데, 특히 한국해양연구원의 김웅서 박사는 2004년 6월에 수심 5,044미터 바다 밑을 탐사하고 왔다(우리나라 사람 중에서는 가장 깊은 곳까지 갔다 온 기록이다). 우리나라는 아쉽게도 아직 심해 유인 잠수정이 없어서 김 박사는 프랑스의 노틸호를 타고 탐사했다. 바다 밑으로 내려가는 데 2시간 30분이나 걸렸고, 바다 밑에서 약 5시간 정도 탐사 활동을 했다. 그리고 다시 바다 위로 올라오는 데는 1시간 30분 정도가 걸렸다. 심해 잠수정이라는 보호 기구를 이용해도 바다 속을 오르내리는 데는 이처럼 많은 시간이 걸린다.

● 잠수정을 타려면 잠수 전날부터 물은 자제해야 한다.

● 프리즘은 빛을 굴절·분산시키는 다면체의 광학 부품이다. 유리나 수정 따위로 만들며, 용도에 따라 분산 프리즘, 편각 프리즘, 편광 프리즘 등이 있다.

다면 그처럼 아름다운 경치를 정말 볼 수 있을까? 아쉽지만, 그 대답은 '아니요'란다.

사람이 사물을 본다는 것은 빛이 있기 때문에 가능한 거야. 물체가 빛을 받은 뒤, 물체의 성질에 따라 빛의 일부 파장들을 반사하면서 색깔도 나타나는 거거든. 우리가 볼 수 있는 빛을 '가시광선'이라고 하는데, 이 빛은 한 가지 빛깔로만 된 것이 아니라 여러 빛이 합해져서 하나로 보이는 것이지. 햇빛을 프리즘에 통과시키면 일곱 빛깔 무지개색으로 갈라지는 것을 금방 알 수 있잖아. 그러니 바다 속의 아름다운 풍경을 보려면 빛이 있어야 하는데, 햇빛은 바다 속 아주 깊은 곳까지는 들어가지 못한단다.

그럼 햇빛은 바다 속 얼마나 깊이까지 들어갈 수 있을까? 햇빛은 바다 속으로 깊이 들어가면서 바닷물에 흡수된단다. 일곱 빛깔 무지개색이 모두 한꺼번에 흡수되는 건 아니고, 파장이 가장 긴 빨간빛부터 주황, 노랑, 초록, 파랑, 보랏빛 순으로 흡수되지. 그러다가 수심 100미터 정도가 되면 햇빛은 거의 다 흡수되어서 깜깜한 암흑 세상이 된단다. 이 깊이에서는 태양 에너지의 99퍼센트가 흡수되거든. 해안가의 탁한 바닷물을 기준으로 보면 수심 30미터만 되어도 빛은 다 흡수되고, 태평양 가운데 산호초 주변의 맑은 바닷물에서는 수심 250미터 정도 들어가야 빛이 사라져.

바다 속뿐만 아니라 어두운 극장에 들어갔을 때도 사물의 색

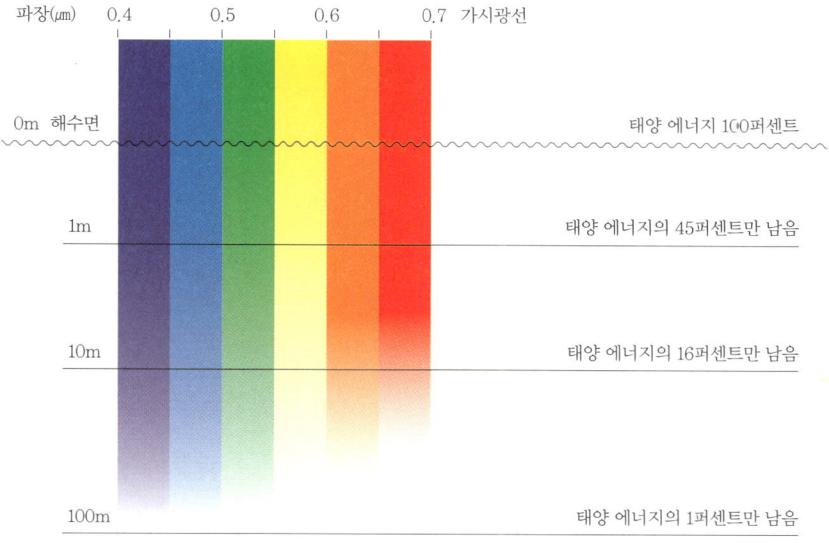

> 여러 파장의 빛들이 바닷물에 일정하게 흡수되는 것이 아니다. 바다 속으로 들어가면서 빨간빛이 제일 먼저 흡수되고, 점점 깊이 들어갈수록 주황, 노랑, 초록, 파랑, 보라의 순으로 흡수된다.

가시광선이 통과되는 바닷물의 깊이

깔을 구별하기는 어려워. 우리 눈은 어두운 데서 색을 잘 볼 수 없어서 그 안에서는 빨간 의자의 색깔도 회색으로 보이니까 말이야. 우리 눈에는 빨강, 초록, 파랑 등의 색깔을 구별할 수 있는 원뿔 모양의 세포들이 약 750만 개나 있지만, 이 세포들은 빛이 밝을 때에만 제 기능을 할 수 있어. 그렇다고 해서 어두운 데서는 전혀 볼 수 없다는 건 아니야. 막대기 모양의 세포가 빛의 명암을 구별해주거든. 약 1억 2,500만 개나 되는 이 세포들은 희미한 빛 아래에서도 제 기능을 발휘하여, 검은색이나 회색, 흰색같이 빛의 명암을 구별한단다.

● 산호초는 산호충의 유해와 분비물인 탄산칼슘이 퇴적되어 형성된 아름다운 암초로 열대나 아열대의 얕은 바다에 형성된다.

교회 종탑을 수없이 많이 포개어놓아도 모자랄 정도로 깊은 바다 밑 용궁에는 사실 햇빛이 들어가지 못해. 아무리 투명하리만큼 맑고 깨끗한 바다라도 수심 250미터 이하에서는 칠흑 같은 어둠밖에 없지. 그러니 형형색색의 궁전과 정원, 나무, 그리고 꽃과 과일 등이 아무리 아름답다 해도 우리는 볼 수 없을 거야. 또 깊은 바다는 춥기 때문에(태평양의 수심 5,044미터 심해의 수온은 겨우 섭씨 1.4도라고 해) 먹이도 별로 없고, 그래서 생물들도 별로 살지 않아. 그 때문에 대부분 바다 생물들은 따뜻하고 햇빛이 잘 드는 수심 200미터 위쪽의 바다에서 산단다.

그런데 이런 나쁜 조건에도 깊은 바다 속에서 살기를 고집하는 녀석들이 있어. 바로 심해 아귀 같은 물고기들이란다. 그런데 심해에 사는 물고기들은 빛이 없는 곳에서 살다 보니 대부분 눈이 퇴화되어 보지 못한다고 해. 아예 눈이 없는 물고기도 관찰된 적이 있고 말이야. 또 심해 물고기들 중 절반 이상은 전등처럼 몸에서 빛을 내는 발광(發쏠-발光빛-광) 기구가 있단다. 어두운 바다 밑에서 먹이를 찾거나 유인하려고, 또는 짝을 찾으려고 발달한 거지. 이 발광 기구는 몸속의 화학작용을 통해 불을 밝히기도 하고, 빛을 내는 세균 덩어리를 이용해 불을 밝히기도 해. 인어 공주도 심해 물고기처럼 작은 발광 기구를 하나 가지고 다닌다면 우리에게 아름다운 바다 속 용궁을 안내해줄 수도 있지 않을까.

● 심해에서 발견된 눈 없는 물고기. 심해에는 빛이 없기 때문에 그곳의 물고기는 눈이 퇴화한 경우가 많으며, 광합성을 하는 식물은 거의 살지 못한다.

우리 인간이 지금까지 관찰한 바로는 깊은 바다 속이 인어 공주가 사는 곳처럼 형형색색의 아름다운 경치가 있는 곳은 아니었지만, 아직 탐험할 곳은 많이 남아 있단다. 우리 친구들도 커서 물고기나 인어 공주처럼 자유롭게 바다 속을 탐험해보지 않을래? 그래서 깊고 깊은 바다 속에 또 무엇이 있는지, 지금 아빠가 들려준 것처럼 이야기를 들려주렴.

● 덴마크 코펜하겐의 작은 인어상은 슬픈 동화의 주인공 인어 공주를 기념하여 1913년에 만들었다. 에드바르드 에릭센이 덴마크의 유명한 발레리나를 모델로 하여 만든 이 동상은 약 80센티미터밖에 되지 않지만, 코펜하겐을 찾는 모든 관광객들이 꼭 들르는 관광 명소가 되었다.

호수로 이어진 농장 길 한편에는 우엉이 무성하게 자라 숲을 이루고 있었지요. 그 아래 오리 둥지에서 엄마 오리는 알을 품고 있었어요.

"깨액깨액!"

드디어 첫 번째 새끼가 알 껍데기를 깨며 밖으로 나왔어요. 연달아서 알 껍데기가 깨지고 요란한 새끼 오리들 울음소리가 울려 퍼졌죠.

새끼들이 다 태어났다고 생각한 엄마 오리는 일어섰다가 한숨 섞인 말을 하며 주저앉았어요.

"이런, 제일 큰 알이 아직 깨질 않았잖아."

이윽고 큰 알에서도 새끼가 나왔어요. 크고 못생긴 새끼였지요. 엄마 오리는 어쩌면 칠면조 새끼일지도 모른다는 걱정이 들었어요.

'물에 들어가 보면 알겠지.'

엄마 오리는 새끼들을 호수로 데려갔어요. 텀벙! 경쾌한 물소리를 내며 엄마 오리가 물로 뛰어들자, 새끼들이 그 뒤를 이었지요. 엄마 오리는 미운 새끼를 유심히 살폈어요.

'칠면조는 아냐. 다리도 잘 사용하고 몸가짐이 곧아. 내 새끼가 틀림없어.'

엄마 오리가 호숫가로 나가며 말했어요.

"얘들아, 농장 식구들에게 인사하러 가자. 내 옆에 꼭 붙어 걸어."

농장 마당에는 다른 오리 식구들이 많았죠. 그 중의 한 오리가 떠들어댔어요.

"다른 집 애들이잖아. 우리도 좁은데. 근데 저 앤 괴상하게 생겼네. 저런 애 필요 없어."

그러면서 나는 듯 달려와 미운 오리 새끼의 목을 콱 무는 거예요. 엄마 오리가 꾸짖었어요.

"그만둬! 아무 짓도 안 했잖아."

요란한 신고식을 마치자, 다른 새끼들은 편하게 지냈어요. 하지만 미운 오리 새끼만은 그럴 수가 없었지요. 다른 오리들한테는 물론 닭과 칠면조들한테까지 맞고 떠밀리고 놀림을 받는 거예요. 미운 오리 새끼는 이리저리 쫓겨 다니기 바빴어요.

"너같이 못생긴 애는 고양이가 잡아가 버려야 되는데."

형제들조차 차갑게 굴었어요. 엄마 오리마저 차라리 태어나지 않는 게 나을 뻔했다고 푸념이었고요. 그래서 미운 오리 새끼는 집을 나가기로 했어요.

말뚝을 뛰어넘어 들오리들이 사는 큰 늪으로 갔어요. 미운 오리 새끼는 슬픔에 잠긴 채 늪에서 하룻밤을 보냈지요. 이튿날이 되자, 들오리들이 가만있질 않았어요.

"넌 진짜 못생겼다. 네 주제에 설마 우리 식구들이랑 결혼할 생각은 아니겠지?"

미운 오리 새끼는 결혼 같은 건 꿈도 꾸지 않았어요. 그저 미움만 받지 않고 산다면 좋을 뿐이었죠.

며칠 뒤였어요. 기러기 두 마리가 다가와 깔보듯이 말했어요.

"아주 못생겼군. 결혼이나 할 수 있을까 몰라?"

그때 탕탕 총소리가 나더니, 두 기러기가 순식간에 갈대밭 사이로 나가떨어졌어요. 늪의 물은 금세 피로 붉게 물들고요. 뒤이어 여기저기에서 사냥개들이 날뛰었지요.

미운 오리 새끼는 겁에 질려서 꼼짝도 못하고, 날개 밑으로 머리를 파묻고 오돌오돌 떨었어요. 사냥개 한 마리가 곁으로 다가왔어요. 입을 벌리고 혀를 내민 채 두 눈을 무섭게 번뜩였어요. 그러나 다행히 미운 오리 새끼를 건드리지 않고 그냥 지나갔어요.

'너무 못생겨서 사냥개조차 물지 않는구나.'

한숨을 내쉬며 생각했죠. 어쨌든 늪이 너무나 무서워서 미운 오리 새끼는 늪을 벗어나 달리기 시작했어요. 들판을 가로질러 가는데 세찬 비가 쏟아졌지만, 있는 힘을 다해 달려갔어요.

저녁 무렵에 다 쓰러져 가는 오두막에 도착했

어요. 어느 쪽으로 쓰러져야 할지 몰라 겨우 서 있는 듯한 그런 집이었죠. 그 오두막에는 할머니가 수고양이와 암탉을 데리고 살았어요. 눈이 나쁜 할머니는 미운 오리 새끼를 살찐 오리로 착각하고 좋아했지요. 하지만 수고양이와 암탉은 미운 오리 새끼에게 여간 심술 맞은 게 아니었어요.

"넌 왜 만날 물속에만 들어가려고 하니?"

"나처럼 등을 구부려봐. 얼른 따라하지 못해?"

이래라저래라 간섭이 심해서 미운 오리 새끼는 오두막을 떠났어요. 그리고 새로운 물가를 찾아냈지만, 그곳 동물들은 슬금슬금 오리 새끼를 피해버렸지요.

'아무도 날 좋아하지 않아.'

이미 겨울이었어요. 해가 기울기 시작할 무렵, 눈이 부시게 아름다운 새들이 하늘을 우아하게 날고 있었어요. 백조였지요. 미운 오리 새끼는 이상한 기분이 들어서, 물속으로 들어가 빙그르르 한 바퀴 돌았어요.

'저렇게 아름다운 새들은 못 잊을 거야. 그런데 이상해. 어쩐지 친근한 느낌이 들어. 나도 저 새들처럼 아름다워졌으면.'

미운 오리 새끼는 이런저런 생각을 털어버리려는 듯 울음을 내뱉었어요. 그런데 너무 뜻밖의 소리가 나서, 자기도 화들짝 놀라고 말았어요.

날은 점점 더 추워졌고, 새끼 오리는 몸이 얼어붙지 않도록 쉬지 않고 헤엄쳤어요. 그렇지만 얼음은 날마다 바짝 조여왔고, 마침내 새끼 오리는 얼음 속에 갇히고 말았어요. 어떤 농부가 발견하지 않았더라면 그대로 얼어 죽고 말았을 거예요.

농부네 아이들은 미운 오리 새끼와 놀고 싶었어요. 하지만 미운 오리 새끼는 자기를 해치려는 줄 알고, 겁에 질려 이리저리 뛰어다녔어요. 우유 냄비 곁에서 날개를 푸드덕거리다가 사방에 우유를 엎질렀죠.

농부의 아내가 손뼉을 치며 몰아내려고 하자, 더 겁을 먹고는 버터 통에 빠져 허우적거렸어요. 간신히 빠져나왔다가는 밀가루 통으로! 아이들은 깔깔거리며 서로 오리를 잡겠다고 뛰어다녔지요. 난리도 그런 난리가 없었지요.

미운 오리 새끼는 열린 문틈으로 가까스로 빠져나왔어요. 그리고 덤불 사이로 들어가서는 쓰러지듯 누워버렸어요. 그 뒤 미운 오리 새끼는 너무나도 춥고 쓸쓸하고 힘든 겨울을 보냈지요.

영영 올 것 같지 않은 봄이었지만, 그래도 시간이 흐르자 햇살이 부드럽고 따스해졌어요. 따사로운 햇살을 받던 미운 오리 새끼는 날개를 펴서 퍼덕여 보았어요.

'날개가 크고 튼튼해졌어.'

이렇게 생각하는데 자기도 모르게 몸이 하늘 높이 솟구쳐 오르는 거예요. 얼떨결에 하늘로 날아올랐다가 개울물이 길게 흐르는 멋진 정원까지 오게 되었지요. 그 개울에는 희고 아름다운 백조 세 마리가 헤엄치고 있었어요.

'전에 봤던 그 새들이야. 차라리 저 아름다운 새들한테 물려 죽자. 다른 동물한테 쪼이고 얻어맞고 미움을 받다가 겨울에 잔뜩 굶주린 채 얼어 죽는 것보다 그게 나아.'

이런 생각으로 백조들을 향해 헤엄쳐 나갔어요. 백조들이 미운 오리 새끼 곁으로 몰려들었어요. 미운 오리 새끼는 고개를 푹 숙이고 말았어요. 그렇게 해서 물에 비친 자기 모습을 보게 되었지요.

어떻게 된 일일까요? 새하얗고 우아한 백조 한 마리가 있는 거예요! 칙칙한 잿빛에다 보기 싫은 모습을 한 오리 새끼는 어디로 사라진 거죠?

'난 백조였구나. 비록 오리 둥지에서 태어났지만. 그동안 슬프고 힘들었기에 지금은 더욱 행복해.'

수많은 백조가 환영 인사를 건넸어요. 어디선가 아이들이 몰려왔어요.

"새로 온 백조가 있어."

아이들은 백조가 된 미운 오리 새끼에게 빵을 던져주며 말했어요.

"제일 예쁜데!"

한 꼬마의 말에 어린 백조는 부끄러워 어쩔 줄 몰랐죠. 바람이 불자, 어린 백조의 눈부시도록 하얀 깃털이 아름답게 나부꼈어요. 어린 백조는 기쁨과 행복에 겨워 외쳤어요.

"미운 오리 새끼였던 내게 이런 행복한 날이 있을 줄이야!"

[미운 오리 새끼]

백조가 되어 날다

다른 오리들로부터 따돌림을 받다가 외로움 속에서 집을 떠난 불쌍한 아기 오리. 하지만 마침내 아름답고 우아한 한 마리 백조로 변하게 되었으니 얼마나 다행인지 몰라. 우리 속담에 "고생 끝에 낙이 온다"라는 말이 있는데, 바로 미운 오리 새끼를 두고 하는 말 아니겠어? 우리 이번엔 이 동화에 나오는 새들에대해서 알아보도록 하자.

다른 오리들로부터 따돌림을 받다가 외로움 속에서 집을 떠난 불쌍한 아기 오리. 하지만 마침내 아름답고 우아한 한 마리 백조로 변하게 되었으니 얼마나 다행인지 몰라. 결국, 오리인 줄 알았던 자신이 사실은 백조였다는 것을 알게 되고, 즐거움과 행복으로 가득 찬 새로운 삶을 누리게 되잖아. 우리 속담에 "고생 끝에 낙이 온다"라는 말이 있는데, 바로 미운 오리 새끼를 두고 하는 말 아니겠어?

먼저 이 동화에 나오는 새들에 대해서 잠깐 알아보도록 하자. 우리가 흔히 '백조(白흰=백鳥새=조)'라고 부르는 새는 사실 정식 이름이 '고니'란다. 그러니까 이제부터는 백조라는 이름 대신

제 이름인 고니라고 불러주도록 하자. 아무튼 고니와 오리는 둘 다 기러기목(目) 오리과(科)에 속하는 새들로, 아주 가까운 친척이야. 또 다른 친척 중에는 거위와 기러기도 있단다. 그러니까 고니, 오리, 거위, 기러기는 모두 친척 간이라 생김새도 매우 비슷해.

이 중에서 고니가 제일 덩치가 크고, 그 다음이 거위, 기러기 순이며 오리가 제일 작단다. 또 고니와 기러기는 모두 야생이지만, 오리는 야생에서 사는 것도 있고 집에서 키우는 것도 있지. 그리고 거위는 기원전 2800년경, 그러니까 지금부터 약 4,800년 전에 이집트 사람들이 처음으로 야생 기러기를 집에서 키우기 시작하면서 완전히 가금류(家집-가 禽날짐승-금 類무리-류)가 되었어.

우리의 주인공 오리, 아니, 고니는 몸길이가 1미터가 넘을 정도로 덩치가 크고 목이 긴 게 특징이란다. 몸무게는 약 4킬로그램 정도니까, 사람으로 치면 갓 태어난 갓난아기랑 아주 비슷하거나 조금 더 무거운 편이지. 그리고 고니는 '백조'라는 별명에서도 알 수 있듯이 몸빛깔이 아주 희단다. 다만 부리는 노란색이고, 눈 아랫부분과 다리만 검은색이라 순백색의 몸과 아주 대조적이지.

고니는 울음소리도 아주 특별하단다. 공기가 드나드는 숨관이 가슴뼈 속으로 말려 있어서 마치 나팔과 같은 원리로 큰 소리를 내며 울지. 그리고 매년 5~6월경이 되면 한 번에 4~8개의 알을 낳는데, 암컷이 35일 정도 알을 품어서 부화시킨단다. 그동안 수

● 기러기

기러기목 오리과에 속하는 야생 조류. 몸길이는 74~84센티미터, 몸무게는 2.3~5.5킬로그램 정도이다. 머리가 크고 거의 삼각형 모양의 부리를 가지고 있다.

● 거위

기러기목 오리과에 속하는 가금류. 식용, 경비용 등으로 기르며 깃털은 방한용으로 이용한다. 몸무게는 4.5~5.5킬로그램 정도이다.

● 주남저수지 백조(고니)의 화려한 비상.

컷은 집과 암컷을 보호하고. 그리고 먹이로는 식물의 뿌리나 열매, 작은 동물, 곤충 등 아무거나 잘 먹는 편이야.

고니의 습성 가운데 가장 큰 특징을 꼽으라면 아무래도 '철새'라는 점을 들 수 있겠지. 어느 지역에 터를 잡고 눌러앉아 사는 새를 '텃새', 그리고 철마다 이동하면서 사는 새를 '철새'라고 하는 건 우리 친구들도 잘 알고 있지? 고니나 기러기는 대표적인 겨울 철새란다. 대개 호수나 하천 등의 물가에서 무리를 지어 겨울을 나는데, 물가 갈대밭이나 키 작은 나무 아래의 풀, 이끼 등에 둥지를 틀지. 우리나라에도 이 고니들이 방문을 하는데, 대개 10월 하순경에 와서 겨울을 나고는 이듬해 4월 무렵에 러시아 북부의 툰드라 지대와 시베리아로 되돌아간단다. 특히 우리나라 낙동강 하구에 1,000마리, 주남저수지에 1,000마리, 진도 해안에 800마리, 둔전저수지에 200마리 정도가 매년 방문하고 있어. 우리나라에서는 고니를 천연기념물 제201호로 지정하여 보호하고 있단다.

자, 고니라는 새에 대한 뒷조사는 이쯤에서 그만하기로 하고, 이 동화를 읽는 동안 우리 친구들이 만난 몇 가지 궁금한 점들에 대해 곰곰이 생각해볼까? 그리고 그 속에 숨어 있는 과학적 사실은 무엇인지 하나하나 풀어가 보도록 하자.

미운 오리 새끼는 도대체 어떻게 해서 자신과는 생김새가 다른 엄마 오리에게서 태어났을까? 먼저 어미 오리가 어떻게 고니의 알을 품게 되었는지 생각해보자. 오리가 고니를 낳을 리는 물론 없을 테니, 아마도 오리가 알을 품는 동안에 우연한 일로 고니의 알을 품게 되었을 거야. 그 우연한 일이란, 새들에게서 가끔 일어나는 두 가지의 경우로 생각해볼 수 있단다.

● **청둥오리**
기러기목 오리과의 새. 암수가 같은 색을 가지지만, 수컷은 번식기에 깃갈이를 하여 화려한 장식깃으로 단장한다.

우선 오리와 고니의 친척들인 거위나 기러기에서 흔히 관찰되는 행동이 있어. 거위나 기러기는 알을 품는 동안 알이 둥지 밖으로 굴러나가면, 목을 길게 뻗어 부리와 머리로 조금씩 알을 움직여 다시 둥지 안으로 들여놓는단다. 심지어 알을 품고 있을 때 사람들이 알을 꺼내 멀리 놓아두어도 다시 둥지 안으로 끌어온단다. 이때 알과 비슷하게 생긴 물체는 모두 다 둥지 안으로 끌어오는 습성이 관찰되었어. 과학자들의 실험에서 거위는 알처럼 생긴 공, 당구공, 심지어는 백열전구 같은 물체들까지 둥지 안으로 끌어왔단다. 진짜 거위 알보다 크기가 좀 더 크거나 작아도, 모양이 알과 비슷하게 생긴 것은 모두 다 끌어온다는 거야. 더구나 이런 '알 회수 행동'은 어미 거위나 다른 거위에게서 배운 것이 아니라 본능적인 행동이란 것이 밝혀졌지.

그러니까 오리들도 비슷한 행동을 할 것이라고 짐작할 수가 있어. 어미 오리가 알을 품고 있을 때 우연히 둥지 주변에 고니가 알을 낳았거나 고니의 알이 굴러오게 되었고, 어미 오리는 자기 알인 줄 알고 그 알을 둥지 안으로 끌어들여 품게 되었던 것이지.

● 회색거위의 알 회수 모습
회색거위는 알이 둥지 밖으로 굴러나가면, 부리와 머리로 조금씩 알을 움직여 다시 둥지 안으로 끌어오는 행동을 보인다.

동화에서도 어미 오리가 "이런, 제일 큰 알이 아직 깨질 않았잖아"라고 말하는 대목이 나오지? 어미 오리도 그 알이 너무 크고 늦게 깨어나는 걸 이상하게 생각했겠지만, 아무튼 타고난 본능대로 그 알을 계속 품었던 거지.

그럼 어미 오리는 그 알이 깨어날 때까지 얼마나 더 기다려야 했을까? 고니의 알은 오리 알보다 크단다. 오리는 알에서 깨어나는 데 28일 정도 걸리고, 고니의 알은 약 35일 정도 걸린다고 해. 그러니까 어미 오리는 '미운 오리 새끼'가 깨어날 때까지 약 일주일 정도를 더 기다려야 했을 거야. 어쩐지 조금 이상하고 뭔가 잘못된 것 같은 생각이 들어도 자신의 알이려니 생각하고 무작정 더 품고 기다리는 어미 오리의 모성애를 느낄 수 있지 않니? 그런데 수컷 오리는 암컷이 알을 품는 동안에도 둥지 근처에는 오지 않는단다.

그럼 어미 오리가 고니의 알을 품게 된 또 다른 가능성을 상상해볼까? 오리가 알을 품고 있다가 잠시 자리를 뜬 사이에, 고니가 살며시 오리의 둥지에 알을 하나 낳고 갔다면 어떻게 될까? 나중에 둥지로 돌아온 오리는 둥지에 들어 있는 고니의 알을 자신의 알로 잘못 알고 그대로 품어서 부화시킬 수도 있단다. 오리는 보통 한 배에 5~12개까지 알을 낳는데, 어미 오리는 자기가 낳은 알의 수를 정확히 알지 못한단다. 둥지 주변에 있는 알처럼 생긴 것은 모두 다 끌어들이는 거위의 경우에서도 보았듯이, 오리과에 속하는 새들은 자신이 낳은 알의 수를 정확히 기억하지 못한다고 해.

실제로 새 중에는 자신의 둥지를 짓지 않고 다른 새의 둥지에 알을 낳는 새들도 있단다. 그래서 다른 새가 자기 알을 품고 부화시켜 키우도록 하는 거지. 이렇게 자기 알을 다른 새의 둥지에 낳아 키우는 습성을 '탁란(托밀-탁卵알-란)'이라고 하는데, 다른 말로는 '부화 기생'이라고도 하지. 그러니까 알을 부화(孵알 깔-부化될-화)시키는 일로 다른 동물에게 기생한다는 말이야.

이런 얌체 같은 습성을 지닌 새를 '탁란조'라고 부르는데, 우리가 잘 아는 두견이, 뻐꾸기, 벙어리뻐꾸기, 매사촌 등이 잘 알려졌단다. 이들 새 외에도 오리과와 또 몇몇 종류의 새들 가운데 약 80여 종이 탁란 습성을 가지고 있지. 지구에 사는 새의 종류 중 약 1퍼센트 정도가 탁란하는 새라고 하니 놀랍지 않니? 자기가 낳은 알을 품지도 않고, 깨어난 어린 새끼에게 먹이도 가져다주지 않는 탁란조들에게도 과연 모성애가 있을까 하는 궁금증이 들기도 하네.

우리나라에 서식하는 대표적인 탁란조에는 우리에게 친숙한 새로 알려진 두견이와 뻐꾸기가 있단다. 두견이는 꾀꼬리의 둥지에, 그리고 뻐꾸기는 딱새나 뱁새(붉은머리오목눈이)의 둥지에 한

● 탁란으로 태어난 뻐꾸기에게 먹이를 날라다 주는 딱새. 작은 둥지 위에 앉아 있는 뻐꾸기 새끼가 어미 딱새보다 훨씬 몸이 크다.

개씩 알을 낳지. 때로 뻐꾸기는 때까치나 알락할미새의 둥지에다 알을 낳기도 한단다. 그러니까 탁란조들마다 어떤 새의 둥지에 알을 낳는지가 확실히 정해져 있는 셈이지.

뱁새가 알을 품고 있다가 잠시 자리를 비운 사이에, 기회를 노리고 있던 얌체족 뻐꾸기는 재빠르게 둥지로 달려 들어가 뱁새의 알을 하나 까먹거나 둥지 밖으로 굴러 떨어뜨린단다. 그런 후 얼른 자기의 알을 하나 낳고는 도망을 가지. 이런 방식으로 이 둥지 저 둥지를 돌아다니면서 12~13개 정도의 알을 낳는 거야. 뱁새의 알은 부화하는 데 보통 14일 정도 걸리지만 뻐꾸기의 알은 9일 정도면 깨어나는데, 뱁새보다 먼저 깨어난 뻐꾸기 새끼도 어미처럼 몹쓸 얌체 짓을 하게 돼. 깨어나서 아직 눈도 제대로 뜨지 못한 주제에, 자기 등에 딱딱한 것이 닿기만 하면 날갯죽지를 뒤틀고 움직여서 둥지 밖으로 밀어내 버리는 거야. 이렇게 해서 뱁새 알을 하나하나 둥지 밖으로 밀어 떨어뜨리고는 어미 뱁새의 보살핌을 독차지하게 되지. 가련한 뱁새들!

이렇게 해서 뻐꾸기는 친엄마와 계모, 그러니까 자기를 낳아 준 엄마와 길러준 엄마, 두 엄마를 가지게 된단다. 물론, 가련한 어미 뱁새는 자기 새끼들을 죽인 뻐꾸기 새끼를 자기 새끼인 줄 알고 먹이를 날라다 주며 정성껏 보살피지. 자기보다도 덩치가 훨씬 큰 뻐꾸기 새끼를 먹이려고 어미 뱁새가 먹이를 찾아 온 숲을 힘들게 나다니고 있을 때, 어미 뻐꾸기는 먼 나무 위에서 룰루랄라~ 즐겁게 노래를 부른단다. 참으로 기구한 두 엄마의 자식 사랑이구나!

그런데 '미운 오리 새끼'는 왜, 자기가 다른 형제들이나 어미 오리와 다르게 생겼는데도 자기가 오리임을 믿어 의심치 않았을까? 그 이유는 '각인(刻새길-각印도장-인)'이라는 현상으로 설명할 수 있단다. 각인은 일부 동물이 태어난 직후에 경험한 특별한 대상에게 보이는 특수한 학습 행동으로, 선천적인 면과 학습적인 면 모두를 포함하는 현상이란다. 이 각인 현상을 과학적으로 밝혀낸 사람은 동물행동학자로 유명한 콘라드 로렌츠 박사님이란다. 이 박사님은 동물의 행동을 연구하는 '동물행동학'이라는 학문을 처음으로 만들어낸 분이지.

로렌츠 박사는 두루미나 거위와 같은 새들을 연구하면서, 부화한 새끼들이 처음으로 만나는 '움직이는 대상'에 대해 그 뒤를 쫓아다니는 추종 반응을 보인다고 했어. 그 대상이 어미 두루미이건 사람이건, 혹은 자동차이건 다른 무엇이건 말이야. 그 좋은 예로, 로렌츠 박사는 인공 부화기에서 갓 깨어난 새끼 거위들과 처음 몇 시간을 함께 보냈는데, 새끼들이 로렌츠 박사를 '각인'하게 된 거야. 이 새끼 거위들은 나중에 로렌츠 박사가 어디를 가든지 졸졸 따라다니기 시작했고, 어미 거위나 다른 어른 거위를 보아도

● 콘라드 로렌츠 박사가 어디를 가든지 따라다니는 각인된 오리 새끼들(위). 호수에서 아무런 저항 없이 로렌츠 박사에게 붙어 있다(아래).

전혀 알아보지 못하였단다. 물론, 다른 사람들에게도 반응을 보이지 않았고 말이야.

부모가 자식을 보살피는 동물들에게 부모와 자식 간의 결속은 살아가는 데 필수적인 요소란다. 부모와 자식 간의 결속이 만들어지는 시기에 새끼들은 부모를 각인하고, 부모 또한 이때 자기 자식이 누구인지를 인지하게 된단다. 어미 갈매기는 새끼가 알에서 깨어난 지 하루 이틀 사이에 새끼를 인지하게 되지. 그런데 만일 이 시기를 놓치면 어미는 새끼를 돌보지 않는단다.

동화 속의 어미 오리도 오랜 기다림 끝에 '미운 오리 새끼'가 알에서 깨어나는 것을 보았기 때문에, 비록 그 새끼가 다른 오리들과는 다르게 생겼다 해도 각인에 의해 자기 새끼로 인지하게 된 거지. 물론, '미운 오리 새끼'가 갓 태어나 처음 만난 어미 오리를 자기의 친엄마로 여기고, 따라다니는 것도 모두 '각인'이라는 타고난 본능 탓이니 '미운 오리 새끼'로서도 어쩔 수 없는 일이었겠지.

어쩔 수 없는 본능의 유혹은 이뿐만이 아니었단다. 타고난 고니의 성질은 시간이 지나면서 서서히 '미운 오리 새끼'에게도 나타나기 시작했어. 물에서 헤엄치고 싶은 생각이 간절해지고, 물속으로 잠수하는 상쾌함도 알게 되었으며, 드디어는 '더 넓은 세상으로 나가고' 싶어졌단다. 철새의 본능이 드디어 눈을 뜬 거지. 그렇게 해서 끝없는 고생과 혹독한 겨울을 보내고 나서 새싹이 돋는 찬란한 봄에, 마침내 '미운 오리 새끼'는 한 마리 우아하고 아름다운 고니로 다시 태어났단다. 고니는 이제 '미운 오리 새끼'였을 때는 상상도 못했던 크나큰 행복을 누리게 되었지. 못생겨서 서러움과 경멸을 받아왔던 '미운 오리 새끼'가 이제는 새 중에서도 제일 아름다운 백조가 되었으니 말이야.

우리 친구들은 미운 오리 새끼 이야기를 읽고 난 후 어떤 느낌을 받았을까? 아기 오리가 겪어야 했던 많은 어려움이 너무 힘들었을 거라는 생각이 들 거야. 미운 오리 새끼는 자신이 가진 미래의 가능성과는 상관없이 단순히 외모 때문에 놀림을 당하고 '왕따'를 당했으니 말이야. 이 이야기는 우리 사람들에게도 참으로 많은 가르침을 주는 것 같아. 차림새나 모양이 다르다고, 또는 성격이 너무 내성적이라고 해서 친구를 '왕따'시키는 일이 있었다면, 그것이 얼마나 나쁜 짓인지 우리 친구들도 이 동화에서 배울 수 있을 거야.

또한 우리 모두에게 숨겨져 있는, 우리도 아직 채 발견하지 못한 무한한 능력과 소질들이 언젠가는 활짝 꽃 필 날이 올 거라는 희망을 품을 수도 있지. 역사적으로 훌륭한 일을 한 위대한 사람 중에는 어릴 때 자기의 능력이나 소질을 제대로 발휘하지 못하거나 인정받지 못했던 사람이 많이 있단다. 발명왕 에디슨도 어릴 때는 학교에서 쫓겨나기까지 했었다는 이야기는 너무나도 유명한 이야기지. 그러나 자신이 이루고자 하는 것을 잊지 않고 끊임없이 희망하며, 노력한 결과 마침내는 세상을 밝혀주는 큰 업적을 이루게 되었단다. 우리 친구들도 지금은 자신이 어떠한 능력과 소질을 갖고 있는지 전부 알 수는 없으니, 여러 방면으로 그 가능성을 넓히려고 노력하면 반드시 좋은 결과가 기다리고 있을 거야. 우아하고 아름다운 백조가 된 '미운 오리 새끼' 처럼.

 # 두루미 보호 대작전

두루미들도 거위처럼 갓 깨어난 새끼일 때 각인을 한다. 과학자들은 두루미의 이런 행동을 이용하여, 멸종 위기에 처한 두루미를 보호하는 번식 프로그램의 문제점을 해결할 수 있었다.

● 흰두루미 옷을 입은 비행사가 초경량 비행기를 타고, 대리 어미 역할을 하고 있다.
(인용: Campbell, N. A. & Reece, J. B. 『Life Science』)

멸종 위기에 처한 미국산 흰두루미 새끼 77마리는 태어난 후 다른 종인 캐나다두루미가 길렀는데, 나중에 새끼들 중 어느 한 마리도 다른 흰두루미와 짝을 짓지 못했다.

그런데 각인의 영향을 알게 된 후에는 번식 프로그램이 바뀌었다. 새끼 흰두루미를 고립시킨 후 다른 흰두루미를 눈으로 보게 하고 그 울음소리를 듣게 하였더니, 나중에 이 흰두루미들은 자신의 종과 짝을 짓고 새끼를 낳는 데 어려움이 없었다.

또 과학자들은 인공 부화기에서 태어난 새끼 흰두루미들에게 사로운 이주 경로를 알려주려고 각인을 이용하였다. 새끼 흰두루미에게 '흰두루미 옷'을 입은 사람을 각인시켜 기르면, 나중에 흰두루미는 흰두루미 옷을 입은 '양부모'가 탄 초경량 비행기를 따라 새로운 이주 경로를 익힐 수 있었다. 더구나 이 프로그램에 참여한 흰두루미들은 다른 흰두루미들과 성공적으로 짝짓기를 할 수 있어 종족 보존에도 큰 도움이 되었다.

중국 황제의 정원은 세상에서 제일 아름다웠어요. 또 어찌나 넓은지 황제의 정원사도 그 끝을 알지 못했어요.

정원의 끝에는 높이 솟은 나무들이 빽빽한 숲이 있었는데, 푸른 바다까지 이어져 있었지요. 커다란 배들이 물 위로 드리워진 나뭇가지 그림자 위로 지나가곤 했어요.

그 커다란 나무 위에 나이팅게일 한 마리가 노래를 불렀어요. 어찌나 황홀한지, 할 일 많은 어부가 일손을 멈추고 귀를 기울이면서 중얼거렸어요.

"하늘에서 울려 퍼지는 음악이야!"

세계 여러 나라 사람들이 황제가 사는 도시를 구경하러 왔어요. 모두 황제의 궁전과 정원을 보고 감탄을 아끼지 않았어요. 하지만 나이팅게일의 노랫소리를 들은 사람은 이렇게 말했어요.

"나이팅게일이 최고야!"

나이팅게일의 노래를 듣고 간 한 시인이 나이팅게일을 찬양하는 시를 썼어요. 그 책이 흘러 흘러 황제의 손에 들어가게 되었지요. 시를 읽은 황제가 깜짝 놀라 말했어요.

"아니, 내 정원에서 사는 새를 내가 까맣게 모르고 있다니! 당장 나이팅게일을 데려왓!"

황제의 시종은 궁궐 사람들을 붙들고 나이팅게일이 어디 있느냐고 물어보았지요. 아는 사람들이 없었으니까요. 하지만 딱 한 사람, 부엌에서 허드렛일을 하는 가난한 집 소녀만은 알고 있었어요.

시종은 소녀를 따라갔어요. 바닷가 숲 근처에 이르자 나이팅게일의 노랫소리가 들리기 시작했어요. 소녀가 나이팅게일에게 말했어요.

"네 노랫소리를 황제께서 듣고 싶어하셔."

그날 저녁 황제의 궁궐에서는 화려한 잔치가 시작되었어요. 이윽고 황제 앞에서 나이팅게일이 감미로운 노래를 부르기 시작했어요.

나이팅게일의 노래를 듣던 황제는 자기도 모르게 눈물을 흘리기 시작했어요. 그리고 나이팅게일의 노래가 끝나자 황금 선물을 주겠다고 했어요. 그러자 나이팅게일이 이렇게 말했어요.

"선물은 이미 받았어요. 폐하께서 흘리신 눈물이야말로, 가장 고귀한 선물이랍니다."

나이팅게일은 황제의 궁궐에 머물게 되었어요. 화려한 새장 속에서 살며 가끔 산책을 하곤 했어요. 산책을 할 때면 비단 띠가 묶인 채였어요. 멀리 날아가지 못하게 그렇게 한 거죠. 그 때문에 나이팅게일은 산책하는 즐거움을 누릴 수 없었어요. 어쨌든 나이팅게일에 대한 소문은 널리 널리 퍼져 나갔어요.

하루는 황제한테 소포가 도착했어요. 일본 황제가 보낸 것인데, 다이아몬드와 루비로 장식한 새였어요. 태엽을 감아주면 진짜 새처럼 노래를 부르는 인조 새였지요. 인조 나이팅게일을 본 사람들은 모두 입을 모아 떠들어댔어요.

"이렇게 아름다울 수가! 게다가 진짜 새 못지 않잖아!"

하지만 가짜 새가 부르는 노래는 오직 왈츠뿐이었어요. 그래도 가짜 새가 워낙 화려하고 아름답게 꾸며진 탓에, 사람들은 진짜 나이팅게일보다 이 새를 더 좋아하고 이 새에게만 노래를 시켰어요.

갇혀 있기 싫었던 진짜 나이팅게일은 숲으로 날아가 버렸어요. 그걸 알고 황제는 화를 냈지요.

"은혜도 모르는 새 같으니라고!"

하루는 궁궐 음악가가 황제에게 말했어요.

"백성은 왈츠가 어떤 음악인지 모르나이다. 그러니 왈츠를 이해할 수 있도록, 백성 앞에서 인조 새가 노래하는 게 좋을 듯하나이다."

이렇게 해서 인조 나이팅게일은 백성 앞에서 왈츠를 노래했지요. 사람들은 최고라는 듯이 손가락을 쳐들었어요. 그런데 진짜 나이팅게일의 노래를 들은 적이 있는 어부는 이렇게 말했어요.

"아름답기는 해. 하지만 진짜 나이팅게일이랑 비교하면 뭔가 부족해. 그게 무엇인지

는 모르겠지만."

 인조 새는 태엽만 감아주면 아무 때고 늘 한결같이 아름답게 노래를 불렀어요. 그런데 어느 날 저녁, 인조 새는 노래를 단 한 소절도 부르지 못했어요.

 시계 수선공이 불려와서는 인조 새를 요리조리 살피고, 뜯어서 이것저것 손을 보았어요.

 "폐하, 이 새는 태엽이 다 닳았사옵니다. 태엽을 갈면 노랫소리가 손상되오니, 이대로 두고서 조심스럽게 써야 하나이다. 그렇지 않으면 영원히 노래를 들을 수 없나이다."

 인조 나이팅게일은 겨우 일 년에 한 번씩 노래를 부르게 되었지요.

 5년이 지났어요. 황제는 큰 병이 들어 죽을 날만 기다리는 신세가 되었어요. 시종들과 관리들은 새 황제를 모실 준비에 들어갔어요.

 커튼이 겹겹이 둘러쳐진 방에서는 황제가 힘겹게 숨을 쉬고 있었어요. 커튼 사이사이로 귀신들이 얼굴을 내밀더니 으스스한 소리를 내며 황제를 괴롭혔어요. 괴로운 황제는 자기도 모르게 고함을 질렀어요.

 "여봐라, 음악을 울려라, 음악을. 오, 사랑스런 내 황금새야, 어서 노래해다오, 자, 노래를……."

 하지만 인조 새는 조용히 앉아 있을 뿐이었어요. 태엽을 감아줄 사람이 없었으니까요. 방 안은 무시무시할 정도로 고요했어요.

 갑자기 그 고요함을 몰아내는 아름다운 노랫소리가 들렸어요. 살짝 열린 창문 틈으로 진짜 나이팅게일의 노랫소리가 흘러들어오는 거였지요.

 귀를 기울여 듣던 황제는 차츰차츰 기운이 생겨나는 걸 느꼈어요.

 "고맙다. 정말 고마워. 천사 같은 작은 새야. 쫓아버리다시피 했는데……. 모두 내가 죽어간다고 날 찾아와 보지도 않는구나. 네 은혜에 어떻게 보답할 수 있을까?"

 "이미 보답해주셨어요. 제 노래를 듣던 날 폐하께서 흘리신 눈물은 제 마음을 기쁘게 하는 보석이었죠. 노래를 더 불러드릴 테니, 좀 주무세요."

 나이팅게일의 맑고 고운 노래를 들으며 황제는 달콤한 잠 속으로 빠져들었어요. 기분 좋게 깊은 잠을 자고 난 황제는 건강한 몸으로 깨어났어요. 방 안에는 황제를 지켜주는 사람이 한 명도 없었지만, 나이팅게일만은 황제 곁에 앉아 열심히 노래하고 있었어요. 황제가 나이팅게일에게 말했어요.

"항상 내 곁에 있어다오. 그리고 노래하고 싶을 때만 노래하렴. 저 가짜 새는 조각내 버려야겠구나."

"그냥 두세요. 그 새도 온 힘을 다해 노래했으니까요. 그리고 제가 오고 싶을 때만 와도 좋다고 허락해주세요. 저는 다른 사람들에게도 노래해주어야 하니까요. 폐하께는 가난하고 힘들게 살아가는 사람들 이야기를 노래로 불러드릴게요. 대신 한 가지만 약속 해주세요."

"무엇이든 말해보아라."

"폐하께 무엇이든 이야기해주는 새가 있다는 것을 아무에게도 말하지 말아주세요. 그걸 숨기는 게 나을 테니까요."

여기까지 말한 나이팅게일은 어디론가로 훌쩍 날아가 버렸어요.

조금 뒤 시종 하나가 황제가 죽었는지 알아보려고 들어왔어요. 그 시종은 건강한 모습으로 앉아 있는 황제를 보고 깜짝 놀라 얼어붙은 듯 서 있었어요.

"안녕, 좋은 아침이로구나."

황제는 시종에게 빙긋 웃으며 인사를 건넸어요.

[나 이 팅 게 일]

생명의 정의

임금님과 신하들은 인조 나이팅게일이 나타나면서, 태엽만 감아주면 쉬지 않고 노래 부르는 인조 새만을 찾게 되지. 이 인조 나이팅게일과 진짜 나이팅게일의 차이는 무엇일까? 바로 생명체로 볼 수 있는지 없는지의 차이가 아닐까? 그렇다면 이번에는 생명이란 무엇인지, 그리고 이에따른 두 새의 차이점은 무엇인지 알아보도록 하자.

우리 친구들은 이렇게 아름답게 노래하는 새를 직접 본 적이 있니? 아마 나이팅게일은 참 아름답게 노래하는 새였을 거야. 나이팅게일이 노래하기 시작하면 어찌나 황홀한지, 할 일 많은 어부가 일손을 멈추고 귀를 기울이며 "하늘에서 울려 퍼지는 음악이야!"라고 중얼거렸다하니 말이야. 그러나 임금님과 신하들은 인조 나이팅게일이 나타나면서, 태엽만 감아주면 쉬지 않고 노래 부르는 이 인조 새만을 찾게 되지.

이 인조 나이팅게일과 진짜 나이팅게일의 차이는 무엇일까? 바로 생명체로 볼 수 있는지 없는지의 차이가 아닐까? 그렇다면 이번에는 생명이란 무엇인지, 그리고 이에 따른 두 새의 차이점은 무엇인지 알아보도록 하자.

생명체는 생명 현상을 나타내는 것을 말한단다. 동시에 화학 물질을 다루는 화학자는 유기체라고도 부르고 말이야. 여기서 유기체는 유기물로 이루어진 물체라는 뜻이고, 또 유기물은 탄소가 기본 뼈대가 되는 물질을 말해. 생명체를 이루는 물질 대부분이 탄소를 기본 뼈대로 하고 있기 때문에 유기체라고 부르는 거지.

생명체에 대한 정의는 한마디로 설명하기가 어려워서 다양한

나이팅게일

나이팅게일(Nightingale)은 참새목(目) 딱새과(科)에 속하는 작은 새이다. 몸길이는 약 16.5센티미터이고 몸의 윗면은 갈색, 아랫면은 조금 연한 갈색이다. 한 번에 4~6개까지 연한 녹색의 알을 낳는다.

동화에서 이야기한 것처럼 울음소리가 아름다워 다른 문학 작품이나 신화에도 자주 등장한다. 밤낮을 가리지 않고 우는데, 조용한 밤중에 울음소리가 두드러져 '밤꾀꼬리'라고도 불린다. 또 영국, 스웨덴 등 유럽 거의 모든 나라의 전통음악이나 이야기에 꼭 등장할 정도로 유럽 곳곳에 널리 퍼져 있다.

● **식물세포와 동물세포**

동식물 세포는 모양이나 구성 성분에서 차이가 있다. 식물세포는 세포막 주변을 세포벽이 둘러싸고 있어 모양이 비교적 고정적이고 다면체를 이루고 있다. 반면, 동물세포는 세포벽이 존재하지 않아 모양이 유동적이며 대체로 구형을 이루고 있다. 또 식물세포에는 엽록체와 액포가 존재하지만 동물세포에는 존재하지 않고, 대신 식물세포에는 없는 중심체를 가지고 있다.

특성을 들어 설명한단다. 예를 들자면 '세포로 이루어졌다, 구성단위가 있다, 에너지를 사용한다, 항상성을 유지한다, 자란다, 자손을 낳는다' 등이 있어. 과학자에 따라서는 간단하게 '세포', '에너지', '생식', '유전', '자극과 반응' 등으로 생명체의 특성을 설명하기도 하지만, 대개는 제일 먼저 '세포'를 든단다. 그럼 세포의 기본적인 특성에 대해 알아볼까? 특성은 크게 다섯 가지로 나눌 수 있어.

첫째로 세포는 우리 주변의 식물, 동물, 눈에 잘 안 띄는 작은 미생물에 이르기까지 모든 생물을 구성하는 기본 단위란다. 세포로 구성되지 않은 생물은 없지. 세포에는 생명 현상이 일어나게 하는 여러 가지 기관이 있는데, 대표적으로 태양의 빛 에너지를 생명체가 쓸 수 있는 에너지로 바꾸어주는 식물세포의 엽록체가 있단다.

둘째로는 '에너지'야. 생명체가 생명 활동을 하려면 에너지를 계속 써야 하는데, 우리 몸을 예로 들자면 심장 뛰기, 숨쉬기, 보기, 듣기 등이 여기에 속하지. 우리가 음식물을 계속 먹어야 하는 까닭도 바로 에너지를 얻기 위해서란다. 사실 지구상에 존재하는 생명체 대부분이 쓰는 에너지의 근원은 태양에서 온 빛 에너지야. 이 태양 에너지를 생명체가 쓸 수 있도록 바꾸는 과정이 식물의 엽록체에서 일어나는 광합성이고 말이야.

셋째로는 '생식'이야. 생명체들은 죽기 전에 자신을 닮은 자식을 낳아서 생명을 이어가거든. 생명을 이어가는 방법은 크게 두 가지로 나누는데, 하나는 정자나 난자처럼 생식을 담당하는 세포를 만드는 유성생식이고, 다른 하나는 자신의 몸 일부가 떨어져 나가서 새로운 생명체를 만드는 무성생식이야. 자세히 설명하자면, 유성생식은 생식을 위해 다른 역할을 하는 세포를 만드는 것을 말해. 예를 들어서 동물은 생명체의 생식을 맡는 부분, 즉 생식기관에서 생식에 필요한 정자와 난자를 만들어. 식물은 꽃가루와 씨방을 만들고 말이야.

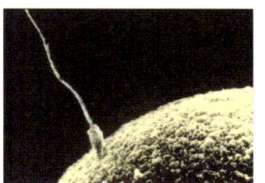

● 유성생식은 정자와 난자처럼 암수 두 가지 성의 구별이 있는 생식세포를 만들고, 이것들이 다시 결합하여 새로운 개체가 되는 생식 방법을 말한다.

반면에 무성생식은 생식을 위한 특별한 세포를 만들지 않는 것을 말해. 예를 들어서 세균처럼 작은 생명체는 필요할 때 특별한 세포를 만들기보다 자신의 몸을 두 개로 나누어 또 다른 생명체를 만들거든.

넷째로는 '유전'이야. 사람이 사람을 낳고 나이팅게일이 나이팅게일을 낳지. 우리 친구들 '콩 심은 데 콩 나고 팥 심은 데 팥 난다'라는 속담을 알지? 이처럼 자신을 닮은 생명체를 낳는 것은 각각의 생명체가 유전물질을 자식에게 그대로 넘겨주려는 것이야. 이때 모든 생명체의 유전물질은 DNA(또는 RNA)야. DNA는 세포의 핵 속에 들어 있는 산성 물질인데, 19세기 후반에 한 화학자에 의해 발견되었어. 하지만 DNA를 이루는 구성 성분이 복잡하지 않았기 때문에 20세기 중반까지도 과학자들은 DNA가 유전을 담당하는 물질이라고는 생각하지 않았어. 재미있지 않니? 복잡하지 않아서 유전을 담당하는 물질이라고 생각하지 않다니 말이야. 사실 이런 것도 일종의 편견이겠지. 당시 과학자들은 하는 일도 아주 많고 구조도 복잡한 다양한 종류의 단백질이 유전을 담당할 것으로 생각했단다.

그리고 마지막 다섯 번째가 '자극과 반응'이야. 만약 우리 친구들은 눈앞에 공이 날아오면 어떻게 하겠니? 당연히 눈을 감거나 몸을 숙이겠지? 더우면 땀을 흘리고 추우면 몸을 오들오들 떨테고 말이야. 사람이 이런 활동을 하는 이유는 몸의 상태를 일정하게 유지하고 보호하기 위해서란다. 생명체가 가지는 이런 특징을 '항상성'이라고 하는데, 물질대사를 하는 가장 큰 이유 중의

세포의 발견과 이름 짓기

세포를 처음 발견하고 이름을 붙인 사람은 17세기 영국의 과학자 훅이었다. 영국 왕립학회에서 매주 새로운 실험을 보여주는 책임을 졌던 훅은 스프링을 이용한 여러 가지 실험을 보여주었는데, 물체의 진동에 관심이 있었기 때문에 누르면 들어가고 조금 있으면 원래대로 돌아오는 참나무 껍질(코르크)에 관심을 두게 되었다. 코르크도 혹시 스프링처럼 생긴 것이 아닐까 생각한 훅은 코르크를 얇게 잘라 관찰하다가, 코르크가 작은 방으로 이루어진 것을 관찰하고 '작은 방'이라는 뜻의 '셀(Cell)'이라는 이름을 붙이게 되었다. 이것이 우리말로는 '세포'라고 번역되었다.

하나가 바로 항상성을 유지하려는 것이야.

그렇다면 세포의 기본 특성을 바탕으로 동화 속에 나오는 인조 나이팅게일도 생명체라고 볼 수 있는지 살펴볼까?

첫째로 인조 나이팅게일은 태엽을 감아주면 태엽이 다 풀릴 때까지는 노래를 하지. 마치 생명체가 생명 활동을 하려면 에너지를 계속 써야 하는 것처럼 말이야. 이렇게 에너지를 받아야 살아갈 수 있는 걸 보면 인조 나이팅게일도 사람처럼 생명체라고 할 수 있지 않을까?

반면에 생명체(사람)는 에너지를 자신의 의지에 의해 공급받으려 노력하지. 그러나 인조 나이팅게일이 자신의 의지대로 노래를 부르려고 에너지를 달라고 이야기할까? 아마 그러지는 않을 거야. 그렇다면 인조 나이팅게일을 생명체로 볼 수는 없지 않을까?

둘째로 인조 나이팅게일이 노래를 못하게 된 이유는 기계 장치가 망가졌기 때문이지. 마찬가지로 사람도 오래 살면 몸을 이루는 각 부위에 이상이 생긴단다. 그 때문에 기계 장치의 부속을 새로운 것으로 교체하듯 사람도 이상이 있는 부위를 바꿀 때가 있지. 심장에 이상이 생기면 심장 이식 수술을 하고, 간에 이상이 생기면 간 이식 수술을 하는 것이 이런 예에 속해. 이런 면에서는 인조 나이팅게일도 사람처럼 생명체라고 할 수 있지 않을까?

반면에 사람의 심장이나 간은 작은 이상 정도는 스스로 고칠

● **최초의 심장 이식 수술**
인류 최초의 심장 이식 수술은 1967년 남아프리카공화국 케이프타운에서 심장 외과의사 크리스천 버나드가 56세의 심근경색 환자에게 시행한 것이다. 수술팀은 교통사고로 뇌사 상태에 빠진 29세 여성의 심장을 이 환자에게 이식했다.

● 노새는 말과(科)의 포유동물로 암말과 수나귀 사이에서 난 잡종이다. 크기는 말만 하나, 머리 모양과 귀·꼬리·울음소리는 나귀를 닮았다. 몸이 튼튼하고 힘이 세어 무거운 짐을 나를 수 있지만 생식력은 없다.

수 있지만, 인조 나이팅게일은 부속에 이상이 생겨도 스스로 고칠 수 없어. 무엇보다 사람의 심장이나 간은 세포로 이루어져 있어서 어느 정도 시간이 지나면 새로운 세포로 바뀌지만, 인조 나이팅게일은 부속을 스스로 교체할 수가 없어. 그래서 망가지거나 닳게 되면 반드시 고쳐주는 사람이 있어야 해. 그렇다면 인조 나이팅게일을 생명체로 볼 수는 없지 않을까?

셋째로 암말과 수나귀 사이에서 태어나는 노새는 새끼를 낳을 수 없어. 호랑이와 사자 사이에서 태어나는 라이거(또는 타이온)도 새끼를 낳을 수 없고 말이야. 마찬가지로 인조 나이팅게일도 새끼를 낳을 수 없다는 점은 노새나 라이거와 같아. 그러니 인조 나이팅게일도 생명체라고 볼 수 있지 않을까?

반면에 노새나 라이거는 생명체 어미에서 나왔지만, 인조 나이팅게일은 그렇지가 않지. 기계 장치 어미에게서 태어난 것이 아니고 사람이 만들었으니까 말이야. 그렇다면 인조 나이팅게일을 생명체로 볼 수는 없지 않을까?

어떠니? 내용이 다소 어려울 순 있지만 흥미롭지 않니? 하나의 사실을 여러 가지 각도에서 볼 수 있다는 사실이 말이야. 실제로 과학자들도 "이것이 생명이다"라고 잘라 말하기는 어렵다고 해. 바이러스 같은 것은 물질대사를 하고 생식과 유전을 한다는 면에서는 생명체라고 볼 수도 있겠지만, 다른 생물의 몸 안에서만 살 수 있고 그 몸 밖으로 나가면 살 수 없다는 (단순한 단백질 덩어리가 된다는) 점에서는 생명체라고 보기가 어렵거든. 그러니 우리 친구들도 위에서 말한 주장이 아니더라도 다르게 설명할 수 있는 것이 있는지 생각해보고 친구들끼리 말해보는 건 어떨까? 아마 생각지도 못한 의견이 나올지도 몰라. 그리고 설사 친구가 나와는 다른 의견을 말하더라도 끝까지 진지하게 들어주자. 우리 친구들은 그럴 수 있지?

새는 왜 울까?

주변에 새는 많지만, 우는 새는 그렇게 많지 않다. 대개 예쁜 소리로 우는 새들을 명금류라고 하는데 1,400여 종 이상의 새들이 이 무리에 포함된다. 주로 솔딱새류·휘파람새류·꼬리치레류·지빠귀류 그리고 이들과 가까운 직박구리류·때까치류·박새류 등이 이 무리의 대표적인 새들이다. 그런데 이 새들은 왜 울까?

우선, 수컷은 자신의 영역을 나타내어 다른 수컷들을 쫓아내고 암컷을 유혹하려고 예쁘게 운다. 또 어린 새끼들을 잘 돌보고자 암수 사이에 소리를 주고받기도 한다.

둘째, 자신들을 공격하는 맹금류(매 종류) 등으로부터 살아남으려고 운다. 즉, 자신을 공격하는 새의 울음을 흉내 내거나 높은 소리로 울어 동료에게 위험을 미리 알리는 것이다.

셋째, 백조나 기러기처럼 멀리 날아다니는 철새들은 같이 이동하는 무리 안에서 동료 간에 의사소통을 하려고 운다. 또 남아메리카에 사는 기름쏙독새 등은 다른 새들에게 자신의 위치를 알려 주려고 높은 소리로 운다.

아주 먼 나라에 왕비를 잃은 왕이 살고 있었어요. 왕에게는 열한 명의 왕자와 엘리자라는 공주가 있었죠. 왕자들은 학교에 다녔는데, 황금판 위에 다이아몬드 철필로 글씨를 썼어요. 엘리자는 왕국의 절반을 주어야 살 수 있는 값비싼 그림책을 가지고 놀았어요.

왕자들과 공주는 행복했지만, 그 행복은 오래가지 않았어요. 왕이 새로 맞은 왕비는 몹시 고약한 사람이었으니까요. 결혼잔치가 벌어질 때에도, 왕자들과 공주에게 과자를 주는 척하면서 모래만 주었어요.

결혼식을 올린 지 일주일이 지나자, 어린 엘리자 공주를 시골로 쫓아버렸어요. 이어서 왕자들에 대한 거짓말을 늘어놓았어요. 어찌나 그럴싸했는지, 왕도 자기 아이들을 더 사랑하지 않게 되었어요.

기다렸다는 듯이 왕비는 왕자들에게 주문을 걸었어요.
"말 못하는 새가 되어 날아가거라!"

왕자들은 백조로 변했어요. 백조들은 구슬프게 울부짖으며 엘리자가 사는 곳을 향해 날아갔어요. 하지만 너무 이른 아침이라 엘리자는 아직 잠을 자고 있었어요. 백조들은 지붕 위를 빙빙 돌다 멀리 해변으로 날아갔어요.

엘리자는 늘 혼자 놀았어요. 장난감 하나 없어서 나뭇잎에 구멍을 뚫어 그 사이로 해님을 바라보곤 했지요. 하루하루가 지루했지만, 오빠들을 생각하며 견뎌냈어요.

어느덧 엘리자는 열다섯 살이 되어 궁전으로 돌아왔어요. 너무나 아름답게 자란 엘리자를 본 왕비는 질투심이 끓어올랐어요. 그래서 호두즙으로 엘리자를 흉측스럽게 꾸며서 왕에게 데려갔어요. 왕은 너무 놀라 오랜만에 만난 딸을 더 보려 하지 않았어요.

엘리자는 궁전을 빠져나와 숲으로 갔어요. 길까지 잃고 헤매자, 슬픔이 밀려들었어요.

'오빠들도 나처럼 슬펐겠지? 오빠들을 찾아야겠어.'

비탈진 강둑에 도착한 엘리자는, 강기슭에 있는 수많은 조약돌을 보았어요.

"물은 지치지도 않고 흘러서 매끈한 조약돌을 만들었겠지. 나도 꿋꿋하게 내 일을 해낼 거야. 고맙다, 강물아. 날 깨우쳐주어서."

엘리자는 강물을 따라 하염없이 걸었어요. 해가 서쪽으로 기울 무렵 황금 왕관을 쓴 열한 마리 백조들이 줄을 지어 날아오는 것을 보았어요. 백조들은 근처에 내려앉았는데, 해가 지는 것과 동시에 사람으로 변하는 것이었어요.

모습은 달라졌지만 오빠들이 틀림없었어요. 엘리자는 오빠들을 부르며 달려갔어요.

"엘리자!"

오빠들도 많이 자라고 아름다워진 여동생을 알아보았어요. 아주 오랜만에 형제들은 서로 얼싸안고 기쁨의 눈물을 흘렸어요. 큰오빠가 백조가 된 사연을 알려주었어요.

"우리는 해가 떠 있는 동안에는 백조로 살고, 해가 지면 사람으로 살아. 그런데 바다 건너 먼 나라에서 살지. 여기는 일 년에 한 번만 와서 겨우 열하루 동안만 머무를 수 있어."

다른 오빠가 말했어요.

"형, 우리 엘리자를 데려가자."

"하지만 어떻게 바다를 건너지? 배 한 척도 없는데?"

오빠들의 이야기는 밤늦도록 이어졌어요. 이튿날 엘리자가 잠에서 깨자, 막내 백조가 남아서 엘리자를 지켜주었지요. 엘리자는 막내 오빠 날개를 쓰다듬었어요. 그날 밤 오빠들은 엘리자를 태우고 갈 그물을 밤을 새워 짰어요.

다시 해가 떠오르자 열 명의 백조는 그물을 물고 하늘 위로 날아올랐어요. 그물 위에는 엘리자가 있었고, 막내 오빠는 그 위를 날면서 엘리자에게 그늘을 만들어주었어요.

하늘을 나는 엘리자는 꿈을 꾸는 것 같았어요. 백조들은 넓고 넓은 바다 위를 날고 있었어요. 백조들은 활처럼 빠르게 날았지만, 엘리자를 태운 그물을 물고 날았기 때문에 다른 때보다는 느렸어요. 바다 한가운데에 떠 있는 아주 작은 돌섬에 이르려면 아직 한참이나 남았는데, 날은 서서히 어두워지기 시작했어요.

'이대로 가다간 우리 모두 바다에 빠져 죽고 말겠어.'

엘리자는 속이 바짝 타들어갔어요. 드디어 작은 돌섬이 보이기 시작했어요. 거의 동시에 백조들은 밑으로 떨어지고 있었어요. 해가 저물고 있었거든요.

물속으로 빠지는 것 같았어요. 백조들은 정말 간신히, 바위섬에 발을 디딜 수 있었어요. 사람으로 돌아온 오빠들은 바짝 붙어 서서 어깨동무를 했어요. 그 자운데에 엘리자가 있었지요.

바위섬에는 엘리자의 형제들 말고는 티끌 하나 내려앉을 자리도 없었어요. 열두 형제들은 파도에 온몸을 적셔가며 밤을 새웠어요.

동이 터오자, 오빠들은 백조로 변하고 엘리자도 하늘로 떠올랐지요. 그렇게 해서 그날 저녁 오빠들은 푸른 숲이 한편에 있는 커다란 동굴 앞에 엘리자를 내려주었어요. 오빠들이 엘리자에게 따스한 밤 인사를 건넸어요.

"오늘 밤엔 좋은 꿈을 꾸거라."

"오빠들을 구할 수 있는 꿈을 꾸면 좋겠어요."

잠자리에 든 엘리자는 요정 꿈을 꾸었어요. 요정이 엘리자에게 일러주었어요.

"동굴 주변이나 무덤가에서 자라는 쐐기풀로 오빠들 갑옷을 만드세요. 쐐기풀이 손을 찌르더라도 꾹 참고 끊어낸 다음, 손과 발로 짓이겨서 실을 뽑아내야 해요. 그 실로 소매가 긴 갑옷 열한 벌을 짜서 백조들에게 던지면 마법이 풀리지요. 하지만 옷이 완성될 때까지는 절대로 말을 해서는 안 돼요. 말을 하는 순간 그 말이 칼이 되어 오빠들의 가슴을 찌르고 마니까요."

말을 마친 요정은 쐐기풀 한 뭉치를 엘리자에게 던졌어요. 풀을 받아든 엘리자는 너무나 아파 잠이 깨고 말았어요. 신기하게도 꿈에서 본 그 쐐기풀이 진짜로 옆에 놓여 있었어요.

날은 훤하게 밝아 있었고, 오빠들은 이미 백조로 변해 곁에 없었어요. 엘리자는 동굴 밖으로 나와 맨손으로 쐐기풀을 꺾기 시작했어요. 가시가 손을 찔러대고 곧 물집이 잡혔어요. 하지만 엘리자는 멈추지 않았어요.

해가 져서 돌아온 오빠들은 말 한마디 안 하는 엘리자를 보고 깜짝 놀랐어요.

"나쁜 왕비가 마법을 걸었나 봐."

"그건 아닌 것 같아. 엘리자의 손을 봐."

"네 손이 이런 건, 우리 때문이니?"

막내 오빠가 엘리자의 손을 들여다보며 눈물을 흘렸어요. 오빠 눈물이 손에 닿자, 불이 난 것처럼 홧홧거리던 손이 시원해지면서 아픔이 사라졌어요.

쐐기풀 갑옷을 짤 때부터는 시간이 쏜살같이 흘렀어요. 쐐기풀 옷 하나가 곧 완성되었어요. 두 번째 옷을 짜고 있는데, 사냥꾼들이 엘리자가 있는 동굴에 나타났어요. 그 중 잘생긴 사람이 엘리자 앞으로 다가와 물었어요.

"참으로 사랑스러운 아가씨로군. 왜 이런 동굴에 혼자 있지?"

그 사람은 이 나라의 젊은 왕이었어요. 하지만 엘리자는 아무 말도 하지 않았어요. 왕이 말했어요.

"여긴 아가씨가 있을 곳이 못 되는군. 얼굴처럼 마음씨가 고운 사람이라면, 나의 아내로 삼고 싶소."

그러면서 엘리자의 손을 잡아끌었어요. 엘리자는 울면서 두 손을 빼냈어요. 하지만 왕은 놓아주지 않았어요.

궁전에 도착한 왕은 엘리자를 아름답게 꾸미라고 명령했어요. 멋진 드레스와 보석으로 꾸며진 엘리자는 너무나 아름다워, 사람들은 감히 엘리자를 바로 바라보지도 못했어요.

대주교는 엘리자를 신부로 맞이하겠다는 왕에게 반대했어요.

"저 사람은 마녀올시다. 그래서 폐하 마음이 홀린 것이니, 결혼은 절대로 안 됩니다."

하지만 왕은 엘리자를 위해 잔치를 벌이고, 작은 방을 동굴처럼 꾸며서 엘리자가 짜던 쐐기풀 옷을 갖다 두었어요. 작은 방으로 안내된 엘리자의 얼굴에는 비로소 생기가 돌았어요.

'오빠들이 마법에서 풀려날 수 있겠어.'

엘리자는 왕의 손에 입을 맞추어 고마움을 표시했지요.

"이제서야 웃는구려."

엘리자를 보며 왕이 기뻐했어요. 그런 왕에게

엘리자의 마음은 차츰 열려갔지요.

　성대한 결혼식을 알리는 교회 종소리가 울려 퍼졌어요. 대주교가 엘리자의 머리에 왕비관을 씌워주고 있었어요. 엘리자를 미워하는 대주교는 일부러 작은 왕관을 마련했어요. 그 왕관이 엘리자의 이마를 세게 눌렀어요. 저절로 비명이 터져 나올 듯이 아팠지만, 엘리자는 입을 꼭 다물었어요. 단 한 마디라도 소리를 냈다가는 오빠들이 죽는다는 걸 알고 있었으니까요.

　결혼은 했지만, 엘리자는 밤마다 왕의 곁을 빠져나가 작은 방으로 달려갔어요. 그리고 밤을 새워 옷을 짜나갔어요.

　일곱 번째 옷을 뜨는데 실이 다 떨어지고 말았어요. 직접 교회 묘지로 가서 쐐기풀을 뜯어와야 했지요. 쐐기풀이 손가락을 파고드는 고통을 생각하니 저절로 몸이 떨렸어요.

　'마음의 고통에 비하면, 손가락이 겪는 고통쯤은 아무것도 아니야.'

　엘리자는 묘지로 나섰어요. 무리지어서 무덤을 파내던 귀신들이 무시무시한 눈으로 엘리자를 노려보았어요. 무서움과 고통을 꾹꾹 눌러가며 엘리자는 쐐기풀을 꺾었어요. 이런 광경을 모두 지켜본 사람이 있었지요. 바로 대주교였어요.

　'왕비가 어떻게 저런 일을 하겠어. 마녀가 분명해!'

　이튿날 대주교는 왕에게 자기가 본 것을 모두 고해 바쳤어요. 그 말을 들은 왕은 눈물을 흘렸지요. 엘리자가 밤바다 몰래 빠져나가는 것을 이미 알고 있었으니까요.

　날이 갈수록 왕의 얼굴이 어두워갔지만, 오빠들 생각으로 늘 불안한 엘리자는 알아차리지 못했어요. 오히려 마지막 한 벌을 두고 떨어진 쐐기풀을 꺾으러 갈 걱정뿐이었어요.

　밤이 되자 엘리자는 교회 무덤으로 향했어요. 그 뒤를 왕과 대주교가 밟았지요. 교회 무덤에서 귀신들을 본 왕은, 엘리자가 그 귀신과 한패라고 생각했어요.

　"마녀를 심판하라!"

　드디어 왕의 명령이 내려지고, 엘리자는 더럽고 축축한 감옥으로 끌려갔어요. 하지만 그곳에서도 쐐기풀 옷만 뜨고 있었지요. 그걸 본 사람들은 엘리자가 마녀가 틀림없다고 믿었어요.

　해가 떠오르면 엘리자가 불에 태워질 거예요. 백조 오빠들은 왕을 만나게 해달라고 궁전 문지기에게 사정을 하고 있었어요. 그러나 문지기는 아직 왕이 자고 있다며, 한 시간 뒤에 오라고 했어요. 마침내 해가 떠오르고, 열한 마리의 백조들이 궁전 위를 맴돌며 울부짖었어요.

마녀를 불로 태우는 걸 구경한다고, 수많은 사람이 쏟아져 나왔어요. 화형장으로 실려 가는 엘리자는 열한 번째 옷을 뜨느라 잠시도 쉬지 않고 손을 놀렸지요. 그걸 본 사람들이 이렇게 외쳤어요.

"마녀한테서 저 이상한 뜨개감을 뺏어버리자."

그러면서 엘리자에게 몰려들자, 열한 마리의 백조가 수레 위에 내려앉아서 날개를 퍼덕거렸어요. 그제야 사람들은 엘리자한테 죄가 없을지도 모른다는 생각을 하게 되었어요.

화형장에 도착한 수레 문이 열렸어요. 밖으로 나온 엘리자는 들고 있던 쐐기풀 갑옷을 백조들에게 던졌어요. 백조들은 순식간에 잘생긴 왕자들로 변했어요. 막내 왕자만은 한쪽 팔이 백조 날개였지요. 마지막 옷 한쪽 팔이 아직 다 짜이지 못했던 것이지요.

"이젠 말할 수 있어요. 난 죄가 없어요!"

엘리자는 이렇게 말한 후 정신을 잃고 쓰러지고 말았어요. 마음을 졸이며 눈물과 고통으로 뜨개질을 하며 밤을 새우다 보니 완전히 지쳤던 거예요.

큰오빠가 왕에게 그동안의 일을 모두 이야기해주었어요. 그때 신기한 일이 벌어졌어요. 엘리자를 태우려고 쌓아놓은 장미나무 장작에서 싹이 돋고 꽃이 피더니, 진한 향내가 풍기는 거예요.

왕은 그중에서 별처럼 희게 빛나는 장미를 꺾어 엘리자의 가슴에 놓았지요. 그랬더니 엘리자가 서서히 눈을 뜨기 시작했어요. 교회 종들이 저절로 울려 퍼졌어요. 그 순간부터 왕과 엘리자의 진짜 결혼식이 시작되었어요.

[야 생 백 조]

철새의 이동과
신기루

왕자들이 마법 때문에 백조로 변해 밤을 새워서 날아가는 과정은 철새가 이동하는 과정과 비슷하다고 할 수 있어. 이번엔 철새들의 이동에 대해 알아볼까? 또 함께 이동하는 동안 엘리자 공주가 보았을 여러 가지 환상적인 풍경을 과학적으로 설명할 수는 없을까?

    남매간의 아름다운 우애가 느껴지지 않니? 쐐기풀의 찌르는 듯한 아픔을 참은 공주나 밤을 새워서 동생을 데려간 왕자들이나 참 서로 생각하는 마음이 지극하구나. 우리 친구들에게도 그런 형이나 아우가 있으면 좋겠지? 그래, 지금은 형제가 많지 않거나 형제가 없는 친구들이 많을 거야. 아빠나 할아버지 때와는 많이 다르지. 그때는 형제가 많아서 서로 싸우기도 했지만 우애를 느낄 일도 그만큼 많았단다. 아빠는 우리 친구들도 형제들과 사이좋게 지내길 바라고, 설사 형제가 없다고 해도 친구와 형제처럼 사이좋게 지내길 바란단다.

    그럼 먼저, 동화 속에 나오는 쐐기풀에 대

해 한번 알아볼까? 엘리자 공주가 오빠들을 마법에서 구하려고 만들던 쐐기풀 옷 때문에 공주의 손은 상처투성이가 되었지? 실제로 서양에서 많이 발견되는 쐐기풀은 잎에 가시 모양의 털이 있는데, 이 털에는 개미산이 있어서 잎을 만질 때 털이 피부에 닿으면 물집이 생길 정도로 아프단다. 아마 공주는 그런 아픔을 옷을 짜는 내내 느꼈을 거야. 공주의 인내심과 용기에 감탄할 따름이지.

● 쐐기풀은 쐐기풀과의 여러해살이 풀로 높이는 40~80센티미터이며, 잎은 마주나고 달걀 모양이다. 7~8월에 연두색 꽃이 피며, 잎의 가시에는 포름산(개미산)이 들어 있어 찔리면 쐐기한테 쏘인 것처럼 아프다.

쐐기풀은 여러해살이 풀로 어디서나 잘 자라지만 반쯤 그늘지고 물기가 많으며 영양이 풍부한 땅에서는 더 잘 자라는 편이야. 어린 쐐기풀은 뜨거운 물에 살짝 데쳐 나물로 먹기도 하지만, 주로 쐐기풀의 줄기 껍질에서 실을 뽑아 천을 만드는 데 이용했다고 해. 그래서 16세기까지는 쐐기풀 천으로 침대 시트나 돛대 등을 만들었단다. 그 밖에도 쐐기풀 뿌리는 노란색 염색약을 만드는 원료로 쓰였고, 쐐기풀 삶은 물은 진딧물을 잡는 용도로 쓰이기도 해서 원예가들이 공해가 없는 농약으로 귀중히 여기는 편이야.

그럼 이번에는 동생을 데려가려고 그물을 물고 날아갔던 왕자들의 이동에 대해 알아볼까? 사실, 왕자들이 마법 때문에 백조로 변해 밤을 새워서 날아가는 과정은 철새가 이동하는 과정과 비슷하다고 할 수 있어. 철새의 이동은 우리가 흔히 아는 제비의 이동을 살펴보면 쉽게 알 수 있지.

● 제비는 열대 또는 아열대인 인도, 태국, 캄보디아, 베트남, 오스트레일리아 등지에서 겨울을 보내고 봄에 우리나라에서 살다가 가을에 다시 날아간다. 한국, 일본, 중국 등지에서 번식한다.

제비는 참새와 같은 부류에 속하는 새로, 자기가 살았던 곳으로 다시 돌아오는 귀소성(歸돌아갈-귀 巢새집-소 性성품-성)이 강한 새란다. 몸길이는 17~18센티미터이며, 색깔은 언뜻 보면 검은색과 흰색이지만 빛의 각도에 따라 색이 변하기 때문에 여러 가지 색을 띠지. 또 제비는 약 시속 90킬로미터로 날면서 갑자기 솟아오르거나 방향을 매우 빠르게 바꿀 수 있을 정도로 민첩하다고 해. 그래서 우리는 흔히, 아주 날렵한 움직임을 보고 '물 찬 제비 같다' 라는 표현을 쓰곤 하지.

우리 조상은 제비가 음력으로 9월 9일 중양절에 강남 즉, 지금의 동남아시아에 갔다가 3월 3일 삼짇날에 우리나라로 돌아온다고 알고 있었단다. 이렇게 숫자가 겹치는 날에 강남으로 날아갔다가 다시 숫자가 겹치는 날에 돌아오는 새여서, 좋은 일을 불러오는 길조(吉길할-길 鳥새-조)라고 생각했지. 그래서 제비가 집에 들어와 둥지를 만드는 것은 좋을 일이라고 믿었단다. 또 제비가 새끼를 많이 낳으면 풍년이 든다고 믿기도 했지. 제비처럼 긴 이동을 하지는 않았지만 백조 왕자들이 잠도 제대로 자지 못하고 날아가는 모습이 철새의 이동 모습과 비슷하지 않니?

그럼 진짜 백조는 어떨까? 오빠들이 엘리자 공주에게 자기들은 일 년에 한 번 왕국으로 돌아온다고 말하는 장면이 있었지? 아마도 안데르센은 동화를 쓰면서 주변에 있던 백조들을 자세히 관찰했던 것 같아. 백조도 철새에 속하거든. 다만, 제비는 여름 철새에 속하고, 백조는 겨울 철새에 속한다는 점이 다르지. 그런데 철새들이 이동을 할 때 바다나 하늘에는 방향을 잡아줄 만한 것이 없는데, 어떻게 방향을 찾아갈까? 우리 친구들도 궁금하지 않니?

새들이 길을 잃지 않도록 길잡이 구실을 하는 것 중에서 가장 중요한 것은 지구 자체에 있는 자기장(磁자석-자氣기운-기場마당-장)이라고 해. 자기장이 뭐냐고? 그건 자석 주위에 자기력이 작용하는 공간인데, 우리 친구들도 본 적이 있을 거야. 과학 시간에 자석 위에 투명한 판 또는 얇은 종이를 놓고 쇳가루를 뿌리면 나타나는 것을 본 적 있지? 그렇게 자석의 힘이 미치는 공간이 자기장이란다. 그러니까 철새의 뇌 속에는 자철광(자석)이 있어서 지구 자기장(극)의 방향을 알 수 있다고 해. 어떻게 보면 새들은 저마다 나침반을 휴대하고 날아가는 셈이지. 그 밖에도 새들은 다른 동물에 비해 훨씬 더 시력이 뛰어나기 때문에 태양이나 별자리 위치, 각종 지형의 특징 등도 이동의 표식으로 이용한다고 해.

최근에 있었던 실험에 의하면, 야행성 철새들이 밤에 날아가기 직전에 인위적으로 자기장을 걸어줬더니 대부분 길을 잃어버렸대. 하지만 다음날 밤에는 모두 제대로 길을 찾아냈다고 하네. 이런 현상에 대해 과학자들은 새들이 해가 지는 방향을 보고서 자신의 나침반을 고친 것으로 설명한단다. 또한, 새들의 몸 안에 있

● 고니

흔히 백조라고 부르는 기러기목 오리과의 순백색 새. 몸 길이가 1미터가 넘는 큰 새로 목이 길며 부리가 노랗다. 아시아, 유럽 북부, 북아메리카에서 번식하고 가을에 한국으로 날아와 겨울을 보낸다. 천연기념물 제201호이다.

● 자기장

자석 주위에 자기력이 작용하는 공간으로, 자계(磁界) 또는 자장(磁場)이라고도 한다.

● **철새**

한 곳에 정착하지 않고 철마다 이동하는 새들을 말한다. 우리나라를 기준으로 생각할 때 가을에 북녘에서 번식하고 내려와 우리나라에서 겨울을 나는 조류를 겨울 철새라 하고, 이른 봄 남녘에서 날아와 우리나라에서 번식하고 가을에 다시 월동을 위해 남쪽으로 이동하는 조류를 여름 철새라고 한다. 그 외에 나그네새와 떠돌이새도 포함한다.

는 시계가 오전, 오후로 달라지는 태양의 위치를 정확하게 파악할 수 있도록 도와준다고 했단다.

한편, 몸집이 크지 않은 작은 새들이 먼 거리를 쉬지 않고 비행할 수 있도록 에너지를 저장하는 방법도 어느 정도 밝혀졌어. 몸집이 작은 새들은 장거리 비행 전에 '연료'로 쓸 지방을 몸 안에 많이 축적하는데, 어떤 새는 자기 몸무게의 거의 두 배를 저장하기도 한대. 그런데도 무게가 늘어난 만큼 비행에 힘이 더 드는 것은 아니라고 하니, 신기하지 않니?

또 에너지를 저장하는 방법은 나는 모습과도 관련이 많아. 우리 친구들은 철새들이 이동할 때, 떼를 지어 나는 모습을 본 적이 있니? 보통 V자 모양으로 나는 경우가 많은데, 이유를 알아보고자 프랑스 국립과학연구소에서는 이런 모양으로 날아가는 철새들을 따라가면서 확인해보았단다. 그 결과 홀로 날아가는 새들에 비해, V자 대형의 새들이 에너지를 10퍼센트 이상 적게 소모한다는 사실을 밝혀냈어. 특히 V자 뒤에 따라가는 새들일수록 날갯짓의 횟수나 심장 박동수가 낮아서 힘이 덜 드는데, 이는 앞에 날아가는 새들이 일으키는 상승 바람을 활용한 덕분이라고 해.

백조에 대해 말하다 보니, 문득 동화에는 백조처럼 늘 우아한 역할로만 등장하는 동물이 있는가 하면, 두꺼비나 뱀처럼 늘 마녀의 하수인 역할로만 등장하는 동물도 있다는 생각이 드는구나. 특히, 두꺼비는 무서운 인상 때문에 악역을 많이 하지. 양서류(兩두-양棲깃들일-서類무리-류)에 속하는 두꺼비는 개구리와 모습은 비슷하지만 피부에 오돌토돌한 돌기가 많이 있어서 인상이 더 무서워 보이는 거 같아. 하지만 우리 친구들은 두꺼비가 어떻게 생겼든 외모로만 판단하진 않겠지? 동화 속의 왕도 사실, 외모로 모든 것을 판단해서 자기 딸인 공주를 쫓아내는 실수를 범한 거잖아. 물론, 엘리자 공주의 얼굴을 흉측스럽게 꾸며서 데려간 왕비의 잘못이 더 크긴 하지만 말이야. 그러고 보니 왕비는 어떻게 호두즙으로 공주를 흉측하게 만들 수 있었을까 갑자기 궁금해지네.

우리가 흔히 음력 정월 보름날 부럼으로 즐겨 먹는 호두는 열매가 완전히 익는 9월까지는 사진에서 볼 수 있듯이 초록색 껍질에 싸여 있지. 초록색 과일이 먹음직스럽게 보인다고? 아무리 먹음직스럽고 싱싱해 보인다고 해도, 우리 친구들이 먹을 수는 없을 거야. 초록색 껍질은 속의 열매를 보호하기 위해 아주 시고 떫고 쓴 성분을 잔뜩 가지고 있거든. 그러니까 동화에 나오는 호두즙은 바로 이 초록색 호두 껍질을 짜서 만든 것이라고 볼 수 있어. 초록색 즙을 온통 얼굴에 칠했으니 아무리 아름답게 성장한 공주라 해도 얼굴이 이상해 보였을 거야. 물론, 그렇다고 해도 오랜만에 만난 딸을 더 만나려 하지 않다니, 왕이 너무 경솔했던 것 같아.

자, 그럼 이제 나쁜 왕비의 저주에서 오빠들을 구해내기 위해

● **부럼**
음력 정월 대보름날 새벽에 깨물어 먹는 딱딱한 열매류를 통틀어 이르는 말. 땅콩, 호두, 잣, 밤, 은행 따위가 속한다. 이런 것을 깨물면 한 해 동안 부스럼이 생기지 않는다고 한다.

● 호두는 호두나무의 열매로, 속살에 지방이 많고 맛이 고소하여 예전부터 사람들이 즐겨 먹었다. 한방에서는 열매가 완전히 익는 9월까지는 변비나 기침의 치료 약재로 쓴다.

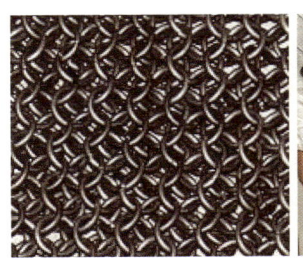  

쇠고리를 엮어서 만든 갑옷

엘리자 공주가 열심히 만든 쐐기풀 갑옷은 어떤 모습이었을지 한번 상상해볼까? 우리 친구들도 알겠지만 갑옷은 전투할 때 입는 옷이야. 흔히 전투에 쓰이는 도구로는 갑옷 외에도 투구가 있는데, 우리 조상은 이 둘을 갑주(甲갑옷-갑 冑투구-주)라고 불렀어. 여기서 '갑옷'은 전쟁에서 화살이나 창 또는 칼을 막으려고 쇠나 가죽의 비늘을 붙여서 만든 옷을 말하고, '투구'는 적의 무기로부터 머리를 보호하려고 머리에 쓰던 쇠 모자를 뜻해.

엘리자 공주가 만든 갑옷은 실제 전투에서 사용되는 갑옷과 모양이 아주 비슷했을 거야. 그러니까 화형장에서 오빠들에게 던진 갑옷은 위 사진처럼 고리 모양의 갑옷이었을 거야. 그래야 오빠들에게 던졌을 때 옷이 몸에 감겨 떨어지지 않을 테니까 말이야. 갑옷을 입은 오빠들이 인간으로 변신하는 모습을 본 엘리자 공주의 마음은 정말 감격스러웠을 거야. 무엇보다 백조가 인간으로 변신하는 모습은 정말 동화에서나 일어날 법한 환상적인 풍경이었겠지.

● 투구는 군인이 전투할 때에 적의 화살이나 칼날로부터 머리를 보호하기 위하여 쓰던, 쇠로 만든 모자를 말한다.

이런 환상적인 풍경은 동화 곳곳에서 발견할 수 있어. 아마 짐작건대, 오빠들이 힘찬 날갯짓을 하면서 엘리자가 앉아 있는 그물을 옮기는 동안에도 엘리자는 바다에서 여러 가지 환상적인 풍경을 봤을 거야. 어쩌면 마치 꿈결처럼 신기루를 보았을지도 모르지.

신기루는 대기 중에서 빛이 이상하게 꺾여서 물체가 실제의 위치가 아닌 다른 위치에 있는 것같이 보이는 현상을 말해. 여름철 오후에 뜨거운 아스팔트 도로를 달리다 보면 앞쪽 길 한가운데에 물웅덩이가 보이면서 사람이나 가로수가 어른거리는 것같이 보일 때가 있단다. 그러나 가까이 가면 사라지고, 얼마쯤 가면 또다시 앞에 물웅덩이가 나타나는데, 바로 이런 현상이 신기루지. 지표면 위의 뜨거운 공기 속에서 빛이 굴절되었기 때문이야.

또 이와는 반대로 땅 표면의 공기가 몹시 차가울 때, 빛이 굴절하여 먼 곳에 있는 실물이 솟아올라 보이거나 거꾸로 매달린 형태로 나타나기도 하지. 이런 종류의 신기루는 추운 북극해 같은 곳에서 잘 나타나는데, 해상에 떠 있는 작은 유빙(流흐를-류氷얼음-빙)이 거대한 빙산으로 보이기도 하고, 자그마한 어장(漁고기잡을-어場마당-장)이 크고 화려한 궁전으로 변모해 항해자나 탐험가들을 환상에 빠뜨리곤 해.

우리나라에서도 이런 신기한 신기루 현상을, 특히 울릉도에서

● 신기루
대기 속에서 빛의 굴절 현상에 의하여 공중이나 땅 위에 무엇이 있는 것처럼 보이는 현상을 말한다.

● 구름 위의 궁전
대기의 조건이 복잡해서 여러 가지 형태의 신기루가 한꺼번에 나타나는 일도 있다. 예를 들어서 이탈리아 반도와 시칠리아 섬 사이의 메시나 해협에서는, 공기 온도가 높아지고 물이 잔잔해지면 구름 위로 아름답고 웅장한 항구도시의 모습이 나타난다. 그리고 그 위에 제2, 제3의 도시가 솟아올라 마치 현란한 탑이나 궁전이 있는 것처럼 보인다. 이런 현상은 더운 공기층 사이에 차가운 공기층이 끼어 있어서 생기는 거라고 하는데, 아직도 정확한 원인은 밝혀지지 않았다.

자주 볼 수 있단다. 대개 신기루는 높이에 따라 공기의 밀도 변화가 심할 때 일어나는 현상이라, 사면이 바다로 둘러싸여 있고 대부분이 산지인 울릉도에서는 더 나타나기가 쉽거든. 바다가 비교적 잔잔한 날 밤에는 무수히 많은 오징어잡이 배들이 바다 곳곳에서 등불을 밝히고 작업하는 모습을 자주 보게 되는데, 그 불빛이 실제보다 더 높게 보이는 경우가 가끔 있어. 그럴 때면 마치 하늘의 은하수가 쏟아져 내리는 것 같지 않을까? 요컨대, 신기루는 공기가 렌즈 역할을 해서 먼 곳의 풍경을 눈앞에 보여주는 것이라 할 수 있지.

우리 주변에는 이런 재미있는 현상이 많이 있단다. 호기심을 가지고 둘러보면, 정말 무궁무진하지. 그리고 이런 것들을 연구하는 호기심쟁이들이 바로 과학자들이고 말이야. 어떠니? 우리 친구들도 과학자들처럼 호기심을 가지고 사물을 대해보지 않을래? 아마 예전보다 더 재미있는 일들이 우리 친구들을 기다리고 있을 거야.

아주 옛날, 새 옷을 아주 좋아하는 임금님이 살고 있었어요. 새 옷 입기를 너무너무 좋아하다보니, 하루에도 몇 번씩 옷을 갈아입곤 했지요.

어느 날 천 짜는 직공 둘이 임금님을 찾아왔어요.

"저희가 짜는 옷감은 다른 옷감과는 비교할 수 없을 정도로 아름답사옵니다. 게다가 신기하게도 능력이 없거나 바보 같은 사람 눈에는 보이지도 않는답니다."

신기한 옷감이란 말에 임금님은 당장 옷감을 짜라고 명령했어요.

직공들은 그날부터 옷감을 짰는데, 이상하게도 베틀 위에는 아무것도 없었어요. 직공들이 좋은 비단실과 금실을 달라고 해서 아낌없이 주었건만, 그것조차 보이지 않았지요.

그 두 사람은 사기꾼이었던 거예요. 좋은 실들은 감춰두고, 빈 베틀 앞에 앉아서 열심히 천 짜는 시늉만 했을 뿐이었지요.

시간이 지나자, 임금님은 옷감이 얼마나 짜였는지 궁금했어요. 그러나 능력이 없거나 바보 같은 이의 눈에는 보이지 않는다는 말이 생각나면서, 이상스레 가슴이 두근거렸어요.

'능력이 있는 장관을 보내보자. 옷감이 어떤지 잘 보고 오겠지.'

이렇게 해서 한 장관이 옷감 짜는 방으로 들어갔어요. 빈 베틀만 보이자 장관은 놀라 두 눈을 질끈 감았다 떴어요. 여전히 옷감이 보이지 않자,

장관은 진땀을 흘리며 생각했어요.

'내가 이렇게도 능력이 없단 말인가? 믿을 수 없어. 하지만 사실이라면? 옷감이 안 보인다고 할 수가 없잖아.'

이때 두 사기꾼이 옷감이 너무나 아름답지 않느냐며 말을 붙여왔어요. 그 바람에 장관은 이렇게 말해버리고 말았어요.

"이, 이렇게 아름다운 옷감은 내 평생 처음이오."

그리고는 임금님께 돌아와 아름다운 옷감을 본 듯이 이야기를 했어요.

시간이 더 흘렀고, 임금님은 옷감이 거의 다 짜졌는지 알아보기로 했어요. 이번엔 정직한 대신을 보냈어요. 똑같은 일이 벌어졌어요. 빈 베틀을 보며 정직한 대신은 얼굴을 붉히고 서 있었어요.

'이럴 수가? 아무것도 없다고 하면, 사람들이 뭐라고 할 텐가?'

그 대신은 임금님께 돌아와서, 최고의 옷감을 보았다고 말했어요.

그 말을 들은 임금님은 직접 가보기로 했어요. 옷감 짜는 방에 들어간 임금님은 눈앞이 깜깜했지요.

'아무것도 안 보여. 내가 임금 노릇할 자격이 없단 말인가?'

하지만 임금님은 아무렇지도 않은 척 이렇게 말했습니다.

"참으로 아름답도다. 내 마음에 꼭 들어."

그러자 두 직공은 곧 옷을 지어 바치겠노라고 했어요. 행진이 있는 전

날 밤, 사기꾼들은 베틀에서 옷감을 걷어내는 척, 큰 가위로 옷감을 자르는 척, 실도 없는 바늘로 옷감을 기우는 척했지요.

아침이 되자 임금님 앞으로 나가, 옷을 들어 올리듯 두 팔을 높이 쳐들고 말했어요.

"이 옷은 거미줄처럼 가벼워서, 입어도 아무것도 걸치지 않은 것 같사옵니다. 바로 이 옷의 장점이지요."

임금님과 대신들은 아무것도 보이지 않았어요. 하지만 모두들, "아, 그렇군." 하며 마치 눈에 보인다는 듯이 맞장구를 쳤지요.

"폐하, 입고 계신 옷을 벗고 이 옷으로 갈아입으소서. 저희가 입혀드리겠나이다."

사기꾼들의 말에 임금님은 입고 있던 옷을 벗었어요. 그러자 사기꾼들은 진짜 옷을 입혀주는 것처럼 움직였어요. 대신들은 보이지도 않는 옷을 칭찬했어요.

"색깔이며 무늬가 기가 막히옵니다. 폐하, 너무나 잘 어울리십니다."

드디어 행진이 시작되었어요. 시종들은 보이지도 않는 옷자락을 뒤에서 받쳐 들고 따라갔어요. 임금님의 행진을 지켜보는 수많은 사람들이 이렇게 쑤군댔어요.

"어머나, 저 옷 좀 봐. 굉장한걸!"

옷이 보이지 않는다고 하는 사람은 한 명도 없었어요. 그랬다가는 바보 취급을 당하거나 무능력한 사람이라는 소리를 들을까 봐, 겁이 났던 거죠.

그때 한 꼬마가 이렇게 외쳤어요.

"임금님이 아무것도 입질 않았네!"

그러자 사람들은 꼬마 말을 두고 쑥덕거렸어요.

"아무것도 안 입었대잖아. 그 말이 맞지 않아?"

마침내 사람들이 일제히 소리쳤어요.

"임금님이 벌거벗었다!"

그 말을 들은 임금님은 온몸이 후들거렸어요. 하지만 행차를 그만둘 수가 없어서, 더 당당하게 걸어갔지요. 두 시종은 있지도 않은 기다란 옷자락을 더욱 높이 쳐들고 의젓하게 뒤를 따랐답니다.

[벌거벗은 임금님]

투명 망토,
투명 인간의 꿈

눈에 안 보이는 옷이라니 참 재미있지 않아? 투명 망토, 투명 인간을 꿈꾸었던 사람들의 오랜 욕망이 어쩌면 실제로 일어날 수도 있지 않을까? 그러고 보니 더 깊이 들어가 '본다'라는 것은 과연 무엇일까 하는 의문이 드네. 그럼 이번에는 눈에 대해 좀 더 자세히 알아볼까?

아마 이 이야기를 모르는 사람은 거의 없을 거야. 이 아빠도 너희만큼 어렸을 때부터 이 이야기를 알았지만 다시 읽어보니 새삼 부끄러운 마음이 들었단다. 안 보이면서도 보이는 척, 모르면서도 아는 척, 없으면서도 있는 척했던 것이 생각나서 말이야. 그러니 마음이 맑고 착한 어린이들보다는 이렇게 '척'을 많이 하는 어른들이 꼭 읽어야 할 동화가 아닌가 하는 생각도 드네.

아무튼 눈에 안 보이는 옷이라니 참 재미있지 않아? 투명 망토, 투명 인간을 꿈꾸었던 사람들의 오랜 욕망이 어쩌면 정말로 실제로 일어날 수도 있지 않을까? 그러고 보니 더 깊이

들어가 '본다'라는 것은 과연 무엇일까 하는 의문이 드네. 그럼 이번에는 눈에 대해 좀 더 자세히 알아볼까?

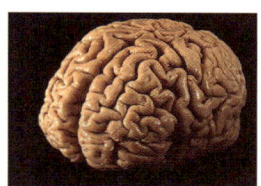

● 뇌는 아주 중요한 부분이라 삼중의 뇌막에 싸여 있으며 두개골로 보호되고 있다.

우리가 사물을 본다는 건 어떤 과정을 거치는 걸까? 과연 눈만 있으면 볼 수 있는 걸까? 눈치 빠른 친구들은 이런 질문을 던지는 순간 이미 답을 알아챘을 거야. 눈만 가지고는 절대 사물을 알아볼 수 없다는 걸 말이야. 사물을 볼 때는 눈 말고도 '뇌'라고 하는 우리의 '생각 주머니'가 큰 역할을 하거든.

사람의 눈(안구)은 대개 탁구공만 한 크기란다. 그러니까 어른의 눈은 지름이 대략 2.4센티미터 정도 되지. 보통 '눈이 크다' 또는 '눈이 작다'라고 말할 때는 밖으로 드러나 보이는 눈을 가지고 말하는 건데, 사실 이건 안구(眼눈-안 球공-구)의 일부일 뿐이야. 그러니 눈이 크든 작든 실제 안구의 크기는 모든 사람이 비슷하단다. 그리고 다른 동물들과 비교해보면, 우리 사람의 눈과 비슷한 크기의 눈을 가진 건 돼지라고 하는구나. 돼지는 우리 인간과 비슷한 점이 많아서 장기를 이식하는 수술을 연구할 때, 돼지의 장기를 많이 이용한다고 해.

눈(안구)의 제일 바깥에는 투명하고 얇은 막이 있는데 이건 '각막'이라고 해. 가끔 텔레비전에서 각막 이식 수술이나 시력 교정 수술(라식) 이야기를 들을 수 있지? 이런 것들이 모두 각막을 대상으로 하는 거란다. 예를 들어서 라식 수술은 각막을 깎아내서 시

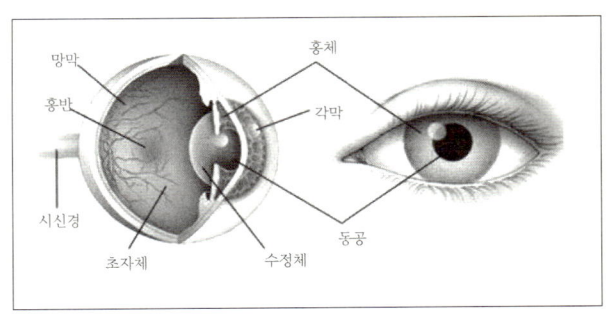

눈 단면도

● **라식 수술**
각막의 표면을 얇게 벗겨낸 후 레이저로 시력 교정을 한 다음, 벗겨두었던 각막을 원래의 상태로 덮어 접합시키는 수술이다.

력을 좋게 해주는 수술이란다. 각막을 깎아냈는데 왜 시력이 좋아지느냐고? 좋은 질문이야. 과학적인 탐구를 한다는 건 이렇게 꼬리에 꼬리를 물고 이어지는 호기심과 궁금증을 따라 끝까지 추적해 들어가는 거니까.

각막은 눈을 보호하는 역할도 하지만 빛을 받아들이는 역할도 해. 눈앞에 있는 물체에서 반사된 빛이 각막을 통과하면서 굴절되어 눈의 맨 안쪽 막(망막)에 영상이 맺히는 게 바로 '본다'라는 거야. 시력이 안 좋다는 건 빛이 너무 많이 굴절되거나 혹은 너무 적게 굴절되어서 망막에 제대로 상이 맺히지 않는다는 말인데, 조금 깎아내서 각막을 오목렌즈처럼 만들어 빛의 굴절을 조절해주면 망막에 정확하게 상이 맺히도록 해줄 수가 있거든.

각막을 통과한 빛은 '홍채(虹무지개-홍 彩무늬-채)'라고 하는 부분을 통과하게 돼. 홍채를 영어로는 '아이리스(iris)'라고 하는데, 이 단어는 원래 무지개색 광채를 뜻하는 말이야. 그런데 눈 속의 이 무지개는 가운데가 뚫려 있어. 이렇게 한가운데 있는 텅 빈 구멍이 바로 '동공(瞳눈동자-동孔구멍-공)'이란다. 눈 한가운데의 검은색 작은 구멍으로, 우리가 흔히 '눈동자'라고 부르는 부분이지.

홍채는 눈 속으로 들어오는 빛의 양을 조절하는 역할을 해. 일종의 커튼 역할을 한다고 생각하면 이해하기 쉬울까? 홍채가 늘어나거나 줄어들면서 가운데의 동공 크기도 따라서 변하는데, 홍채가 늘어나면 동공은 당연히 작아지고, 홍채가 줄어들면 동공은 커지겠지. 그렇게 해서 동공 속으로 빛이 적당한 양만큼 들어가는 거야. 예를 들어서 우리가 대낮의 밝은 햇빛 속에 있을 때는 동공의 크기가 줄어들어(홍채가 늘어나서) 햇빛을 최대한 적게 받아들이려 하고, 반대로 어두운 실내로 들어가면 동공의 크기가 커져서 (홍채가 줄어들어) 빛을 최대한 많이 받아들이려고 하지. 이런 눈의 구조가 흔히 카메라랑 비슷하다고 하는데, 정확히 말하면 카메라가 사람의 눈 구조를 닮은 거라고 해야겠지? 그러니까 카메라의 조리개는 홍채를 모방한 것이라고 볼 수 있어.

그런데 이 홍채는 인종에 따라 그리고 사람마다 색깔이 달라. 또 한 사람의 눈에서도 왼쪽 눈과 오른쪽 눈의 홍채 색깔이 다를 수도 있고, 한쪽 눈 안에서도 홍채 부위에 따라 다른 색이 나타나기도 하지. 홍채에 들어 있는 색소의 양에 따라 양이 적으면 푸른색, 많으면 갈색으로 보이는데, 일반적으로 백인들은 푸른색이고

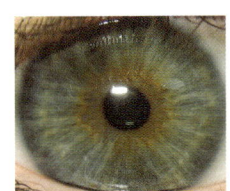

● 눈 속으로 들어오는 빛의 양을 조절하는 홍채. 홍채는 인종에 따라 그리고 사람마다 색깔이 다르다.

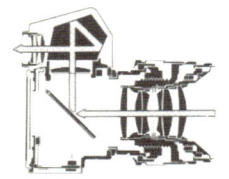

● 사람의 눈 구조를 닮은 카메라. 카메라 렌즈에는 대개 통과되는 빛의 양을 조절하는 조리개와 조리개의 지름을 연속적으로 변화시킬 수 있는 홍채조리개가 사용된다.

동양인들은 갈색 혹은 검은색이야. 푸른색 홍채는 검은색보다 햇빛에 민감해서, 백인들이 동양인들보다 자주 선글라스를 사용하게 되는 거란다.

홍채와 동공 뒤에는 볼록렌즈 모양의 '수정체(lens)'가 있어. 지름이 9밀리미터, 두께가 4밀리미터 정도인데, 가장자리에 붙어 있는 근육으로 두께를 조절할 수 있게 되어 있지. 수정체는 눈에 들어온 빛을 적당한 각도로 굴절시켜 초점을 맞추는 역할을 한단다. 그러니까 멀리 있는 것을 볼 때는 수정체가 얇아지면서 빛이 조금만 굴절되고, 가까이 있는 것을 볼 때는 수정체가 두꺼워지면서 빛이 많이 굴절되지. 그래야 초점이 제대로 맞아서 망막에 또렷한 상을 맺을 수 있거든. 이러한 수정체의 원리를 본떠 만든 것이 바로 카메라 렌즈야. 물론, 카메라 렌즈는 두께를 조절하는 대신, 거리에 따라 여러 개의 렌즈를 겹쳐 쓰게 되어 있다는 게 차이점이지.

자, 지금까지 숨 가쁘게 각막부터 수정체까지 여행을 했구나. 눈 속 여행을 해보니 어때? 안구 하나에 이토록 경이로운 신비가 숨어 있다니 놀랍지 않니? 이제 빛을 굴절시켜 도대체 어떻게 볼 수 있게 되는지 알아볼까?

드디어 빛은 망막까지 도달했어. 망막은 눈 뒤쪽 3분의 2 정도를 덮은 투명한 막으로, 카메라의 필름과 같은 역할을 한단다. 눈

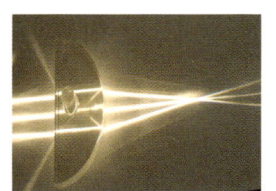

● 볼록렌즈는 중앙 부분이 가장자리보다 두꺼워 볼록한 형태를 띠는 렌즈로, 빛을 퍼지게 하는 오목렌즈와는 달리 빛을 모이게 하는 성질이 있다. 그래서 작은 물체를 크게 확대해 볼 수 있다.

으로 들어온 빛은 여기에 도착해서 상을 맺게 되는데, 무려 10개의 막이 층층이 겹을 이루고 있지. 망막에는 빛을 느끼는 두 종류의 세포가 있어. 하나는 원뿔 모양의 세포이고, 하나는 막대 모양의 세포야. 망막의 중심부에 빽빽하게 모여 있는 원뿔 모양의 세포는 비교적 밝은 곳에서 물체의 색깔과 모양을 뚜렷하게 느끼그, 막대 모양의 세포는 어두운 곳에서 물체의 형태만을 어렴풋하게 느끼지. 우리가 물체의 모양과 색깔을 종합적으로 알 수 있는 건 이 두 종류의 세포를 통해서란다.

이 망막의 한가운데, 그러니까 가장 또렷하게 상이 맺히는 곳이 바로 '황반(yellow spot)'이란다. 영어 단어를 보면 '노란 점'이라는 뜻인데, 이 부분이 좀 누르스름한 색을 띠어서 붙은 이름이야. 그런데 망막에는 빛을 느끼는 세포가 없는 '맹점(Blind spot)'이라는 곳이 있어. 그래서 여기에 맺힌 상은 인식을 못하게 되지. 대신 이곳에는 시신경이 모여 있어 뇌와 연결되어 있단다.

이 밖에도, 눈의 맨 바깥쪽인 각막과 수정체 사이에는 '방수'라고 하는 맑은 액체가, 그리고 수정체와 망막 사이에는 '유리체(초자체)'라고 하는 젤리 상태(유리 모양)의 투명한 물질이 사이사이를 채우고 있단다.

이렇게 복잡한 과정을 거친 뒤에야 위 그림처럼 망막에 상이 맺히게 되는 거란다. 그런데 이것만으로는 우리가 물체를 '본

● **맹점 확인하기**

시신경이 눈을 빠져나가는 구멍이 바로 맹점을 만든다. 직접 확인해보자. 흰 종이 위에 X표시를 하고 오른쪽으로 5~10센티미터 떨어진 곳에 작은 원을 그린다. 왼쪽 눈을 감고 X표시를 주시하면서 천천히 종이를 앞뒤로 움직여보면, 어느 순간 갑자기 작은 원이 사라진다. 바로 맹점에 상이 맺힌 순간이다.

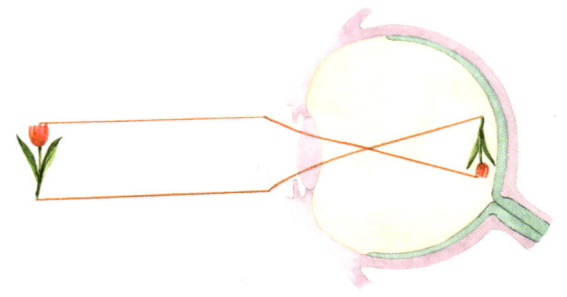

● **방수와 유리체**

방수는 각막을 적당한 형태로 유지해 눈 속의 압력(안압)을 일정하게 유지하고, 각막과 수정체에 영양을 공급하는 역할을 한다. 또 유리체는 안구 전체의 부피와 무게 중 3분의 2를 차지하는데, 99퍼센트가 물로 되어 있다.

다'라고 할 수가 없어. 진짜 중요한 건 이제부터란다. 빛을 느끼는 세포(원뿔 모양과 막대 모양의 세포)들의 활동이 이제부터 시작되거든.

우리가 무엇을 '본다'라는 것은 눈에서 시작되기는 하지만, 결국 뇌에서 결정하는 거란다. 사과를 보고 저기 사과가 있다고 알려면 눈에서 수집한 정보를 처리하는 곳이 필요한데, 그 역할을 하는 게 바로 뇌야. 그러니까 뇌는 중앙 정보처리 장치지.

눈의 망막에 상이 맺히면 망막 속 세포들에 화학적인 변화가 생겨. 그리고 이 변화는 에너지를 만들고, 이 에너지는 각 세포에 연결된 신경에 흥분을 일으키지. 우리가 일상생활에서 '흥분한다'라는 말을 자주 쓰곤 하는데, 과학에서 말하는 '흥분'이란 '전기적인 자극'을 말한단다. 그러니까 우리 세포와 신경 속에서 미세한 전기 자극이 일어난다는 말이야. 그러고 보니 우리는 늘 아주 아주 약한 벼락을 맞고 사는 셈이네.

이 흥분이 시신경을 따라 뇌로 전달되고, 뇌에서 이 흥분을 분석하여 최종적으로 판단하는 거야. 이때 오른쪽 눈에 맺힌 상(흥분)은 왼쪽 뇌로 전달되고, 왼쪽 눈에 맺힌 상(흥분)은 오른쪽 뇌로 전달돼. 이 양쪽의 흥분을 합쳐서 하나의 시각 정보로 받아들이는 곳이 뇌의 뒷부분인데, 여기서 끝나는 게 아니라 다시 이것을 뇌의 맨 윗부분으로 전달해야 하지. 그곳에서 다른 감각기관들(코, 귀, 입)에서 온 정보들과 합쳐져 최종적으로 판단을 내리는 거야. 그러니까 "음~ 향기 좋은 아름다운 꽃이네(코+눈)" "아, 달콤하고도 향긋한 사과로구나(입+코+눈)" 하는 식으로 느끼게 되는 거지. 지금까지 살펴본 '보는 과정'을 정리하자면 다음과 같아.

- 눈: 각막 → 홍채와 동공 → 수정체 → 망막(상이 맺힌다) → 세포와 시신경의 변화, 흥분(전기 자극)
- 뇌: 좌뇌·우뇌로 흥분 전달 → 뇌의 뒷부분(시각 정보) → 뇌의 윗부분 (시각, 후각, 청각, 미각 등 여러 감각이 합쳐짐)

자, 어때? 설명이 좀 어려운 것 같아도 이렇게 한번 쭉 정리해 보니까 이해가 쉽지? 그런데 여기서 한 가지 재미있는 실험이 있어. 눈과 코를 가리고 네모나게 깎은 사과를 먹는 사람에게 "자, 이건 매운맛이 나는 무야. 어때?"라고 말하면 사람들은 "아유~

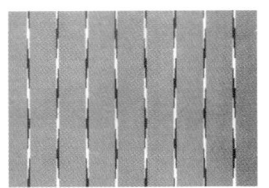

● 위 그림처럼 시각적인 착각 현상 때문에 선이 휘어 보이는 것을 착시라고 한다. 실제로 위 그림의 선은 모두 곧은 선이다.

매워!" 하면서 먹던 사과를 뱉어낸다는 거야. 반대로 매운 무를 주면서 '달고 시원한 사과'라고 하면 맛있게 먹는단다. 왜 그런 걸까? 그건 사람들이 어떤 것을 판단할 때는 여러 가지 정보를 종합해서 판단하기 때문이야. 그러니까 눈과 코를 통해 알 수 있는 시각과 후각 정보를 차단하니까 그걸 먹어봐도 그것이 사과인지, 무인지 올바른 판단을 내리지 못하는 거지.

이렇게 우리가 본다는 것은 다른 감각들과 함께 어우러지는 거야. 그러니까 우리는 있는 그대로 똑바로 보고 있다고 생각하지만 실제로는 그렇지 않을 수도 있는 거지. 그래서 착시 현상이 생기기도 하고, 눈은 멀쩡한데 전혀 볼 수 없는 사람도 생긴단다.

그건 그렇고 동화에서 가장 신나는 부분은 아마도 임금님이 벌거벗고 행차를 나가는 장면이 아닐까? 임금님은 어쩌면 투명 망토를 입은 기분이 들었을지도 모르겠네. 그러고 보니 문득, 해리포터의 투명 망토 이야기가 생각나는구나. 입기만 하면 아무에게도 보이지 않는 옷이 있다면 얼마나 신날까? 그런데 정말로 투명 망토를 만들 수 있을까?

투명해지는 것과 관련해서 재미있는 실험이 있단다. 친구들에게도 보여줄 수 있는 재미있는 실험이니까 잘 읽어보고 한번 따라해봐.

먼저 파이렉스 유리막대와 유리그릇을 준비해야 해. 유리그릇

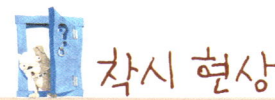

착시 현상

〈문제〉

① A, B, C의 각 지름은 어느 게 더 커 보이는가?

② A선분과 B선분 중 어느 것의 길이가 더 길어 보이는가?

③ 어느 면이 앞인가?

④ 흰 선이 만나는 곳에 어떤 색이 보이는가?

⑤ 검은 선이 만나는 곳에 어떤 색이 보이는가?

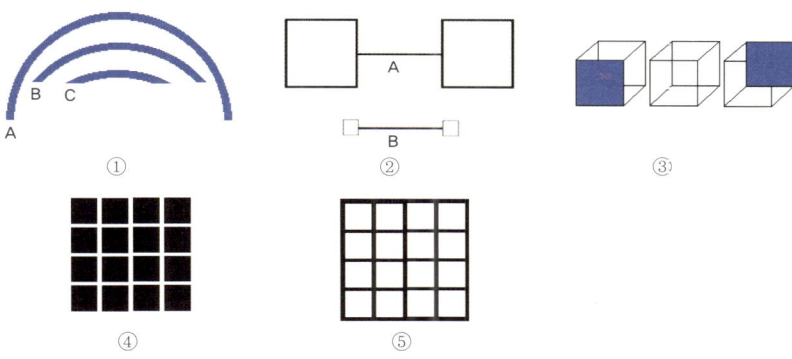

〈해설〉

①, ②, ③번 그림은 사람의 눈이 정확하지 않음을 보여주는 예이고, ④, ⑤번 그림은 시세포에 나타나는 잔상 효과를 설명해주는 그림이다.

①번 그림은 A가 가장 큰 지름을 가진 원의 일부로 보이지만, 사실은 모두 같은 크기의 지름을 가진 원의 일부이다. 이것은 원을 겹쳐보면 알 수 있다. 또 ②번 그림은 A선분보다 B선분이 더 길어 보이지만, 실제로는 같은 길이이다. 마찬가지로 ③번 그림도 보는 사람의 관점에 따라 어느 면이든 앞으로 보일 수 있다.

④번 그림은 흰 선이 만나는 곳에 회색이 보이고, ⑤번 그림은 검은 선이 만나는 곳에 흰색이 보이는데, 이것은 앞에서 말한 잔상 효과 때문이다.

● **해리포터의 투명 망토**

미국 퍼듀대학교의 과학자들은 투명 현상이 가능한 이론을 광학 학술지 〈네이처 포토닉스〉에 게재해 해외 언론의 주목을 받고 있다. 만약 이것이 가능하다면 책에서처럼 해리포터의 투명 망토의 제작이 가능해질지도 모른다. 그러나 아직까지 투명 망토의 이론적 모델은 붉은색에 해당하는 파장에서만 기능하다는 한계를 갖고 있다.

에는 식용유를 조금 따라 붓고, 유리막대를 천천히 식용유 속에 넣어봐. 어떻게 될까? 그래, 신기하게도 유리막대가 안 보이지? 도대체 어떻게 된 일일까?

파이렉스 유리막대는 유리그릇 안에 담긴 식용유와 빛의 굴절 정도가 같아. 무슨 말이냐면, 빛이 액체 속에서 나아가는 속도와 파이렉스 유리막대 안에서 나아가는 속도가 같다는 거지. 그래서 빛이 굴절되거나 반사되지 않아서 막대를 볼 수 없게 되는 거란다.

이 원리를 이용하면 진짜 투명 망토를 만들 수도 있단다. 공기 중에서 빛이 통과하는 속도와 같은 물질을 만들면 빛이 굴절되거나 반사되지 않아 망토를 볼 수 없기 때문이지. 하지만 그런 망토가 만들어진다고 해도 자신의 몸까지 보이지 않게 만들 수는 없어. 그러니까 투명 망토 자체는 만들 수 있어도, 아직 과학적인 방법으로 투명 인간이 될 수는 없단다.

간혹 깊은 바다 속에 사는 생물 중에는 몸이 투명한 것도 있으니까 투명 인간도 가능하지 않을까 생각할 수 있는데, 다음과 같은 문제들 때문에 아직은 투명 인간을 실현할 수 없어.

첫째, 투명 인간이 되면 앞을 볼 수가 없단다. 우리가 무엇인가를 본다는 것은 그 물체의 상이 우리 눈의 망막에 맺히는 거라고 앞에서 이야기했지? 그러니까 당연히 망막은 불투명한 막이어야 해. 그런데 투명 인간이라면 망막도 투명할 테니, 사물에서 반사된 빛도 그냥 지나치게 되지 않겠어? 우리 몸에서 꼭 불투명해야만 하는 부분이 있다면 바로 망막이야. 그래서 깊은 바다에 사는 투명한 물고기도 눈 부분만큼은 투명하지 않아. 까만 눈만 둥둥 떠다니는 투명 인간! 어때? 상상만 해도 우습지 않아?

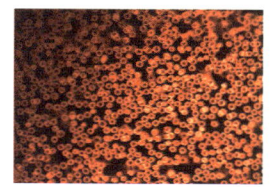

● 헤모글로빈은 척추동물의 적혈구 속에 다량으로 들어 있는 색소 단백질로, 몸 속에 산소를 운반한다.

둘째, 투명 인간은 피의 색도 투명해야겠지만 그렇게 되면 사람은 살기가 어렵단다. 피 속에 있는 헤모글로빈이 빨간색을 띠기 때문이야. 헤모글로빈의 '헴'이라는 부분에 들어 있는 철 성분이 산소와 결합하면서 빨간색을 나타내는 거지. 그런데 피가 투명해진다는 것은 피가 산소와 결합하지 못한다는 의미가 되니까, 산소가 없으면 에너지를 만들어낼 수 없어 생명체는 죽을 수밖에 없는 거지.

셋째, 투명 인간이 되면 먹은 음식물이 소화되는 모습도 다 보이지 않을까? 상상만 해도 우스울 거야. 우리가 먹는 음식이 소화관을 따라 내려가는 모습이 밖으로 다 보이게 된다고 생각해봐! 게다가 항문 근처에 이르게 되면 이 음식물이 똥으로 바뀌는 과정도 보이겠지? 노란색(아니면 초록색) 똥이 들어 있는, 투명한 인간이 돌아다니는 모습이라……. 그럼 먹는 음식들도 모두 투명하게 만들면 된다고? 투명 똥은 어떻게 찾아내고 치울 건데?

여러 해 전에 투명 망토를 개발했다고 해서 세계적으로 떠들썩한 적이 있었어. 하지만 러시아에서 개발했다고 주장하는 투명

● 「투명 인간」
영국의 소설가 웰스가 1897년에 발표한 공상 과학 소설. 인간의 몸이 다른 사람의 눈에 보이지 않게 해주는 약을 발명한 사나이가, 그것을 악용해 온갖 나쁜 짓을 하다가 궁지에 몰려 죽게 된다는 내용이다.

망토는 그 원리를 자세히 발표하지 않아서 사람들이 믿지 않고 있지. 그리고 일본에서 개발한 투명 망토는 사람들 눈을 속이는 기계였음이 밝혀졌어. 앞에 있는 사람의 옷을 스크린으로 만들고 사람 뒤의 배경 사진을 스크린에 비춰서 마치 투명하게 보이는 것처럼 만든 것이지. 이렇게 하려면 스크린 말고도, 사람 뒤를 찍는 비디오 기계, 찍힌 영상을 처리하는 고성능 컴퓨터, 그리고 이를 비춰주는 투사 장치 등이 필요하단다. 비록 눈속임이었지만 이런 기계를 만들 생각을 해낸 사람들도 참 대단하지 않아?

이런 이야길 듣다 보면, 어쩌면 투명 망토가 실현될 날도 점점 가까워지고 있는지도 모르겠단 생각이 들어. 하지만 우리가 만화나 영화 속에서 보는 것처럼 사람을 완전히 감싸서 안 보이게 하는 투명 망토는 아주 오랜 시간이 흘러야만 가능하지 않을까? 어쩌면 영영 불가능한 일일지도 모르지.

그러나 우리 친구들은 불가능하다고 단정 짓진 말았으면 좋겠어. 비행기의 역사만 보아도 대부분 사람들이 인간은 하늘을 날 수 없다고 했지만 계속 노력하는 사람들 덕분에 비행기가 탄생한 거잖아? 그러니 하고 싶은 일이 있다면 미리 한계를 정하지 말고 마음껏 상상의 날개를 폈으면 해.

등에 배낭을 메고 옆구리에 칼을 찬 병사가 걸어오고 있었어요. 무섭게 생긴 마녀 할멈이 그 길을 막고 서서 말을 걸었어요.

"원하는 만큼 돈을 갖게 해줄까?"

병사가 마다할 리가 없지요.

"저 큰 나무 꼭대기로 올라가 봐. 구멍이 있을 테니까, 그 안으로 내려가 보라고."

"그 안에서 무얼 하게요?"

"돈을 꺼내 오는 거야. 거기 가면 방들이 있는데, 첫 번째 방에는 구리 돈이 가득 든 상자가 있어. 그걸 무섭게 생긴 개가 지키지. 하지만 이 앞치마로 개를 붙잡아 앉히면 문제없어. 돈을 원하는 대로 꺼내 와. 만일 은화를 갖고 싶으면 다음 방으로 가. 거기 개는 더 무섭게 생겼지만, 앞치마를 갖다대면 무서울 게 없지. 하지만 금화를 갖고 싶으면 그 다음 방으로 가봐. 거기 개는 아주 무시무시하지만 걱정할 것 없어. 앞치마가 있으니까. 금돈을 실컷 꺼내 오라고."

"거 괜찮군요. 그런데 그 대가로 뭘 바라시오?"

"거기에 있는 낡은 부싯깃 통을 갖다줘. 옛날에 우리 할머니가 깜빡 잊고 두고 온 거니까."

병사는 마녀의 앞치마를 가지고 커다란 나무 안으로 들어갔어요. 모든 게 마녀 할멈이 말한 대로였지요.

병사는 처음엔 구리 돈을 배낭에 넣었지만, 은화를 보고서는 구리 돈은

다 빼고 은돈을 마구 쑤셔 넣었지요. 하지만 금돈을 보자 배낭을 탈탈 털어내고는 금화를 넘치도록 채워 넣었어요. 마지막으로 부싯깃 통을 찾아내서 밖으로 나왔지요.

병사가 물었어요.

"이 부싯깃 통으로 뭘 할 건데요?"

"그건 알 것 없고, 빨리 내놓기나 해."

"말 안 하면 칼로 머리를 베어버릴 테요."

옥신각신하다가, 마녀 할멈은 병사의 칼에 머리가 베이고 말았지요. 병사는 금화 배낭을 메고 도시로 향했어요.

거기서 제일 좋은 방에 머물면서 화려한 옷차림으로 극장에도 다니고, 가난한 사람들에게 돈도 나누어주며 살았어요. 그러다가 아름다운 공주에 대한 이야기를 듣게 되었지요.

"그런데 공주를 만난 사람이 없어요. 왕이 공주가 있는 곳에 아무나 못 들어가게 하니까요."

"왜죠?"

"공주가 평범한 군인이랑 결혼한다는 예언 때문에 그렇대요."

이야기를 들은 병사는 공주가 보고 싶어졌어요. 그러나 가진 돈을 다 써버리고 빈털터리가 되고 말았으니, 싸구려 다락방에서 다 떨어진 신발이나 꿰매 신었죠. 초 한 자루 살 돈이 없어 캄캄한 방 안에 있었는데, 문득 부싯깃 통 속에 있는 토막 초가 생각났어요.

얼른 부싯깃 통을 찾아와 부싯돌로 탁탁 쳤어요. 그랬더니 쿨꽃이 날아오르면서 개 한 마리가 나타났어요.

"분부를 내리세요, 주인님."

병사는 돈을 가져오라고 했지요. 개는 휙 하고 사라지더니, 금세 동전 한 보따리를 입에 물고 왔어요.

'야, 이 부싯깃 통이 대단한 물건이네.'

병사는 부싯돌을 한 번 치면 동전을 지키는 개가, 두 번 치면 은화를 지키는 개, 세 번 치면 금화를 지키는 개가 나타난다는 걸 알게 되었죠.

다시 부자가 되어 좋은 방에서 멋진 옷을 입

고 살자, 공주를 만나고 싶은 마음도 커졌어요. 공주를 만날 방법을 찾던 병사에게 좋은 생각이 떠올랐어요.

병사는 개를 불러 공주를 만나게 해달라고 했어요. 그랬더니 개가 금세 공주를 데리고 나타났어요.

공주는 눈이 부시게 아름다웠어요. 병사는 자기도 모르게 입맞춤을 했지요. 그러자 개가 공주를 데리고 사라졌어요.

다음날, 공주는 왕과 왕비한테 어젯밤에 꾼 꿈을 이야기했어요.

"처음 보는 개 등에 타고 어디론가 갔어요. 병사가 있었는데, 그 사람이 내게 입을 맞췄어요."

그 말을 들은 왕은 사실일지도 모른다고 생각하고, 시녀가 공주를 지키게 했어요.

날이 어두워지자 병사는 다시 공주가 보고 싶었어요. 그래서 또 개를 불러 공주를 데려오라고 했어요. 개가 공주를 태워가자 시녀가 쫓아갔어요. 이 시녀는 꽤 똑똑했어요. 개가 들어가는 집 문에 표시를 해둔 거예요.

하지만 개가 더 똑똑했어요. 공주를 데려다주고 오는 길에, 대문마다 똑같은 표시를 해둔 거예요. 이러니 왕은 병사를 찾지 못하고 말았죠.

왕비는 아주 영리한 사람이었죠. 메밀가루를 가득 채운 비단 주머니를 만들고는, 구멍을 살짝 뚫어두었어요. 그걸 공주한테 채워두면, 공주가 어딜 가는지 다 알 수 있으니까요.

밤이 되자 개는 공주를 등에 업고 달렸어요. 앞만 보고 달리는 개는 비단 주머니에서 메밀가루가 술술 빠져나오는 걸 몰랐어요.

결국, 병사는 잡혀서 감옥에 갇히고 말았어요. 부싯돌도 미처 챙겨오지 못한 채 곧 다가올 죽음을 기다리는 형편이었죠.

병사의 목을 매달기로 한 날 아침, 수많은 구경꾼이 몰려왔어요. 그중에 어떤 아이가 하필이면 병사가 갇힌 감옥 쇠창살 앞까지 오게 되었어요. 그 소년에게 병사가 말했어요.

"얘, 돈을 줄 테니, 내가 묵던 방으로 가서

부싯깃 통 좀 갖다주련?"

소년이 부싯깃 통을 갖다주었지요. 자, 무슨 일이 벌어질까요?

교수대에 세워진 병사가 왕에게 말했어요.

"마지막으로 담배나 한 대 피우게 해주십시오."

왕이 허락하자, 병사는 부싯돌을 쳐서 개 세 마리를 모두 불러냈어요. 그리고는 자기가 교수형을 당하지 않게 하라고 명령을 내렸어요.

개들이 사형을 집행하려는 관리들을 물고 뜯고 난리가 났지요. 그걸 본 사람들이 이렇게 외쳤어요.

"병사님, 우리들의 왕이 되어주십시오. 공주님과 결혼해주십시오!"

이렇게 해서 병사는 왕이 되었고, 공주와 결혼을 하게 되었지요.

[부싯깃 통]

인간과 가장 친한 동물

우리 집 강아지는 복슬강아지
어머니가 빨래 가면 멍멍멍
쫄랑쫄랑 따라가며 멍멍멍

우리 집 강아지는 예쁜 강아지
학교 갔다 돌아오면 멍멍멍
꼬리치고 반갑다고 멍멍멍

이 동요처럼 개와 사람은 아주 가까운 관계란다. 강아지 때부터 사람이 어디를 가나 따라오니까 말이야. 빨래 가는 길에도 쫄랑쫄랑 따라오고, 학교 갔다 돌아오면 제일 먼저 나와서 꼬리를 치며 반겨주고, 정말 사람의 마음을 잘

이 이야기에 나오는 개들도 자신의 주인에게 충실한 것 같아. 어두운 곳에서 충실하게 보물을 지키면서 나중에 주인을 구해주는 역할까지 하니까 말이야. 마치 술 취해 잠든 주인을 불 속에서 구해내고 자기는 목숨을 잃은 충견 이야기처럼, 개들에겐 참 충직한 면이 있는 것 같아. 그럼 이제부터 인간과 가장 친한 친구라는 개에 대해 알아볼까?

아는 것 같아. 우리 친구들도 이런 강아지를 좋아하지?

이 이야기에 나오는 개들도 자신의 주인에게 충실한 것 같아. 어두운 곳에서 충실하게 보물을 지키면서 나중에 주인을 구해주는 역할까지 하니까 말이야. 마치 술 취해 잠든 주인을 불 속에서 구해내고 자기는 목숨을 잃은 충견(忠충성-충犬개-견) 이야기처럼, 개들에겐 참 충직한 면이 있는 것 같아. 그럼 이제부터 인간과 가장 친한 친구라는 개에 대해 알아볼까?

개가 사람과 함께 살게 된 역사를 추적한 학자들의 연구에 의하면, 약 1만 5,000년 전 늑대 무리에서 떨어져 나온 늑대 새끼를 기른 것이 시작이라고 해. 하지만 DNA나 화석을 분석한 또 다른 연구에서는 이보다 훨씬 전인 10만 년 전부터 사람들이 개를 기르기 시작했다고 주장하는 학자도 있어. 하지만 현재 우리가 보는 대부분의 개는 약 200년 전부터 사람들이 선택적으로 교배시킨 결과라고 할 수 있지.

가장 오래된 개의 화석은 러시아에서 발견된 두개골 화석과 독일에서 발견된 아래턱 화석으로, 약 1만 3,000년에서 1만 7,000년이 되었을 것으로 추정하고 있어. 이 개들의 조상은 유럽과 아시아, 아메리카 등 북반구 전체에서 살고 있었던 유럽늑대들이라고 해.

한편, 작은 개들의 조상으로 알려진 시리아 늑대는 중동의 동

● **오수의 개 이야기**

신라 때의 일이다. 술에 취한 채 산에서 잠이 든 주인 주위로 불이 나자, 그의 개가 인근 개울에서 몸을 적셔와 주인을 살렸다고 한다. 그러나 지친 개는 결국 죽고 말았으며, 이를 잊지 않기 위해 주인이 무덤 앞에 꽂아둔 지팡이는 싹이 돋아 느티나무가 되었다. 이 나무를 오수(獒개-오樹나무-수)라고 불렀으며, 그때부터 마을 이름도 오수라고 부르게 되었다.

● 지질시대에 살던 동식물의 유해와 활동 흔적 따위가 바위나 땅속에 그대로 보존되어 남아 있는 것을 통틀어 화석이라고 한다. 화석은 생물의 진화, 그 시대의 지구 환경을 아는 데 큰 도움이 된다.

굴 등에서 화석이 발견되었는데, 약 1만 2,000년 전에 살았을 것으로 추정하고 있어. 또 바위에 남은 벽화나 뼛조각 화석 등을 분석한 자료에 의하면 북아프리카에서 시작하여 유럽과 아시아를 거쳐 북아메리카 대륙까지 분포했다고 해. 덴마크의 구석기시대 유적지에서 사람 뼈와 함께 개의 뼈가 발견된 것으로 보아, 이미 그 당시에 개들이 사람의 반려자였음을 알 수 있지. 그렇다면 사람들은 어떻게 늑대와 함께 살게 되었을까?

아마도 사람이 늑대를 데리고 살기 시작했을 때는 사냥을 통해 먹을 것을 얻는 시기였을 거야. 처음에 사람은 사냥감보다 빠르지도 못했고 상대적으로 크지도 않으니까 사냥을 나가서 짐승을 잡아 오기보다는 실패하여 빈손으로 돌아오거나, 심지어 다른 동물의 먹이가 되기까지 했을 거야. 그러니 매일매일 먹을 것을 해결하는 것이 가장 큰 문제였겠지. 이 문제를 해결하려면 먹을 것이 부족할 때를 대비해서 작은 동물과 새끼들을 키울 수밖에 없었을 거야. 이런 때에 늑대가 잡혔다면 안성맞춤이었겠지.

대개 사냥을 나가지 않은 사람들은 동굴이나 그늘진 곳에서 사냥 나간 사람들을 기다렸을 테고, 이때 늑대 새끼들은 어린아이들과 함께 장난을 치면서 친해지지 않았을까 해. 그러면서 사람과 사는 것이 익숙해진 늑대 새끼들은 커서도 사람들과 함께 살게 되면서 새끼들을 낳고, 또 그 새끼들을 사람이 기르면서 늑대는 야

성의 본능을 서서히 잃어버리게 되었을 거야. 또한 사람들은 늑대의 본성을 이용하여 사냥에 데리고 가기도 했겠지. 사냥감을 쫓을 때 길들인 늑대를 이용하면 더 쉬웠을 테니까 말이야.

● 인류가 야생의 짐승을 사냥하여 먹고살던 수렵시대 때부터 늑대를 기르기 시작했을 것으로 추측된다.

어쩌면 늑대도 사람처럼 모여서 생활하는 습성이 있었기에 사람과 생활하는 게 가능했을지도 몰라. 또 새끼들을 남겨두고 사냥을 나가는 점도 사람과 비슷했고. 아마 사람과 늑대의 다른 점은 사냥감을 새끼에게 주는 방법의 차이 정도였을 거야. 사람은 사냥한 먹이를 손에 들고 왔지만, 손이 발달하지 않은 늑대는 어미 뱃속에 넣어 온 먹이를 다시 토해서 새끼들에게 주었겠지. 혹은 사람 주변에 머물면서 사람이 사냥해 온 먹이 찌꺼기를 새끼들과 함께 먹었겠지.

그렇다면 개를 처음 기른 사람들은 어디의 누구일까? 중국을 비롯한 동아시아에서 처음으로 개를 키웠다고 하는데, 사람들이 아시아 대륙에서 북아메리카 대륙으로 이동할 때 개를 데리고 갔다는 증거가 발견되기도 했어. 아마 이때 개도 사람을 따라 세계 곳곳으로 퍼져 나가게 되었을 거야. 또 사람들이 농작물을 키우고 도시에 모여 살게 되면서, 개도 함께 숫자가 늘어나게 되었을 거야. 사람들의 필요에 따라 개의 생활 모습도 바뀌게 된 거지.

사람들은 개의 독특한 능력을 생활에 이용하기 시작했는데, 교배를 통해 사람들이 원하는 특징을 더 키울 수 있다는 걸 알았

● 사람들은 교배를 통해 사람들이 원하는 특징을 더 키울 수 있게 되었다. 그래서 원하는 목적에 따라 개를 선별적으로 교배, 번식시키기 시작했다.

어. 그래서 원하는 목적에 따라 개를 선별적으로 교배, 번식시키기 시작했지. 사냥개, 양치기 개, 썰매 끄는 개, 집 지키는 개, 구조견, 애완견 등등등. 그 결과 약 3,500년 전에 교배시켜 만들어진 몰티즈부터, 100여 년 전에 만들어진 요크셔 테리어까지 많은 종류의 교배종이 생겨났지.

이렇듯 많은 교배종이 생겼지만 변하지 않는 사실은, 개와 사람은 친한 친구 사이라는 거야. 개와 함께 사는 사람이 외출했다가 집으로 돌아올 때면 개가 미리부터 꼬리를 흔들며 주인 맞을

 개의 품종

미국애견협회에서 사용하는 분류에 따라 개들을 7개 집단으로 나누어보면 다음과 같다.

● **하운드 그룹(Hound Group)**
파라오 하운드, 아프간 하운드, 오터 하운드 등이 여기에 속한다. 개들의 조상인 늑대처럼 사냥 능력이 뛰어난 개로, 뛰어난 후각을 사용하여 흔적을 쫓는 개들이 있고, 쉼 없이 사냥감을 추적할 수 있는 능력을 타고난 개들도 있다. 하지만 이 그룹에 속하는 개들은 매우 다양하여 어떤 한 종류의 특징으로 설명하기는 어렵다.

● **테리어 그룹(Terrier Group)**
에어데일 테리어, 불 테리어, 미니어처 슈나우저 등이 여기에 속한다. 테리어는 아주 작은 노퍽 테리어부터 에어데일 테리어까지 크기가 매우 다양하고, 후각이 발달했으며 민첩하다. 또 호전적인 성향이 있으며 지능이 높은 편이다. 테리어들은 쥐나 족제비 같은 작은 동물을 쫓아내려고

만들어졌다. 테리어는 라틴어 "terra"에서 온 말로 '땅' 또는 '토양'이라는 뜻이다. 낮은 풀숲, 덤불 속에 숨어 있는 사냥감을 찾아내는 능력이 뛰어나 붙여진 이름이다.

● 워킹 그룹(Working Group)

알래스칸 말라뮤트, 도베르만 핀셔, 그레이트 데인 등이 여기에 속한다. 주로 인간의 재산을 지키거나 썰매를 끌거나 사람을 구조하는 목적으로 개량되었으며, 대체로 지능이 높아 무엇이든지 빨리 배우는 학습 능력을 갖추고 있다. 이 그룹에 속하는 개들의 특성은 어렸을 때나 늙었을 때나 모두 사람에게 유용하다는 점이다. 하지만 대부분 덩치가 커서 복종 훈련 등이 꼭 필요하다.

● 스포팅 그룹(Sporting Group)

코커 스패니얼, 골든 리트리버, 포인터 등이 여기에 속한다. 천성적으로 매우 활동적이고 민첩하며 사람을 잘 따른다. 사냥처럼 들에서 하는 일이나 물, 숲 등 어떤 곳이든지 본능적으로 잘 적응한다. 주어진 임무에 지치지 않는 활동력을 보이는 것이 장점이다. 동시에 이런 점 때문에 활동량이 많은 운동을 규칙적으로 시켜줘야 한다.

● 허딩 그룹(Herding Group)

콜리, 저먼 셰퍼드, 올드 잉글리시 쉽독 등이 여기에 속한다. 가축들의 움직임을 통제하는 능력이 있어서 자신보다 훨씬 더 큰 소떼를 이리저리 잘 몰고 다닌다. 이 그룹에 속하는 개들은 아주 영리하여 사람을 잘 따른다.

● 토이 그룹(Toy group)

몰티즈, 미니어처 핀셔, 요크셔 테리어 등이 여기에 속한다. 아주 작은 체구와 귀여운 생김새를 가진 개들로, 크기는 작지만 대부분 성격이 날카로운 편이다. 아파트처럼 좁은 공간에서 키우기에 좋다.

● 논스포팅 그룹(Non-Sporting Group)

불도그, 차우차우, 달마시안 등이 여기에 속한다. 생김새, 혈통 등이 다른 그룹에 속하지 않는 나머지 개들을 말한다. 따라서 서로 다른 성격, 외모, 특징을 가진 다양한 종이 섞여 있다.

● **루퍼트 셸드레이크**

영국 트리니티대학의 교수로, 텔레파시와 같은 일반 과학에서 잘 다루지 않는 현상을 과학적으로 증명하려고 애쓰는 과학자 가운데 한 사람이다. 그는 전화벨이 울리는 순간 누구에게서 온 전화라는 걸 직감하거나 누군가를 생각하고 있는데 바로 그로부터 전화가 걸려오는 '전화 텔레파시'도 존재한다고 주장하고 있다.

준비를 하는 걸 본 적 있지? 참, 신기하지 않니? 개는 주인이 올 때를 아는 걸까?

영국의 루퍼트 셸드레이크 교수는 개와 인간의 친근함을 주제로 연구하면서, 개는 주인이 올 것을 미리 알고 기다린다고 주장했어. 물론 그의 주장에 대해 반론을 펴는 학자들도 많지만, 셸드레이크 교수는 개와 사람 사이에 텔레파시가 통한다고 믿었지. 그래서 카메라를 설치하고 개가 주인을 기다리는 장소에 언제 오는지, 주인이 없어도 그 장소에 있는지를 계속 기록했어. 그리고는 주인이 불규칙한 시간에 집으로 가도록 했단다. 이때 혹시 개가 주인의 자동차 소리를 알고 있을 수도 있기 때문에 택시를 타고 집으로 가도록 했지. 그런데 평소와 다른 시간, 다른 방법으로 주인이 집에 갔을 때에도 개는 평소에 기다리던 곳에서 주인을 기다리고 있었어. 주인이 아직 택시를 타기 전부터 말이야. 그는 이런 현상을 개가 텔레파시를 느낀다는 증거로 보았단다. 그리고 그 이유를 이렇게 설명했지.

"개는 먼 옛날 늑대 시절, 어린 늑대와 유모 늑대를 남겨두고 160킬로미터 이상 멀리 떨어진 곳으로 사냥을 나갔을 겁니다. 이때 늑대들은 멀리 떨어져서 서로 상태를 확인해야 했는데, 아마 텔레파시를 사용했을 겁니다."

물론, 개가 꼬리를 흔든다고 해서 다 기분 좋은 상태는 아니야. 꼬리를 흔들 때도 여러 가지 감정이 있단다. 예를 들어서 꼬리를 좌우로 흔들 때는 친해지고 싶다거나 놀아달라는 뜻이고, 격렬하게 움직일 때는 너무 기뻐서 어쩔 줄을 모를 때야. 또 위로 뻗어 곤두세울 때는 매우 화가 났단 뜻이고, 뒷다리 사이로 꼬리를 집어넣을 때는 항복한다는 뜻이래. 게다가 기분에 따라 꼬리를 흔드는 방향도 달라진다고 하니 신기하지 않니?

이탈리아 트리스트대학의 신경과학자인 조지오 발로티가라 박사 팀은 최근 '개가 상이한 감정 자극에 따라 보이는 비대칭적인 꼬리 흔들기 반응'이라는 연구 결과를 발표했어. 개가 꼬리를 오른쪽으로 흔들면 기분이 좋은 것이고, 왼쪽으로 흔들면 뭔가 기분이 좋지 않은 것이라는 연구 결과가 나왔거든. 이 연구진은 꼬리 흔드는 방향에 따른 개의 감정 상태를 알아보려고 30마리의 개(암수 각각 15마리)를 대상으로 실험을 했어. 개에게 주인과 낯선 사람, 고양이, 친하지 않은 다른 개 등 4가지 경우를 각각 1분간 보여주고, 개의 꼬리가 흔들리는 현상을 관찰했어. 하루 10번씩 25일간 이뤄진 이 실험에서, 주인과 낯선 사람, 고양이를 보여줬을 때 개가 꼬리를 흔드는 방향은 대체로 오른쪽이었지. 반면에 친하지 않은 큰 개를 보여줬을 때는 꼬리를 왼쪽으로 흔드는 반응을 보였어. 발로티가라 박사는 "실험 결과, 개가 관심이 끌리는 대상을 봤을 때는 꼬리를 오른쪽으로 흔들지만, 겁을 느낄 때에는

● 개가 꼬리를 흔든다고 해서 다 기분 좋은 상태는 아니다. 놀아달라거나 화가 났다거나 하는 감정에 따라, 꼬리를 흔드는 모양이나 방향도 달라진다고 한다.

● **개의 감정에 따른 꼬리 흔들기**
이 실험은 개가 친한 것(주인이나 아는 동물)에 다가가려는 성향은 왼쪽 뇌(오른쪽 근육)가 활성화될 때 나타나고, 익숙하지 않은 것에서 멀어지려는 성향은 오른쪽 뇌(왼쪽 근육)가 활성화될 때 나타난다는 것을 말해준다. 즉, 개의 뇌도 사람처럼 몸의 오른쪽과 왼쪽을 나누어 지배하며, 감정을 조절하는 부위가 뇌의 왼쪽과 오른쪽으로 나누어져 있다는 것을 뜻한다.

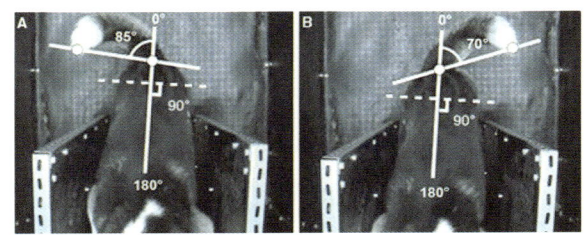

개의 감정에 따른 꼬리 흔들기(A: 오른쪽 흔들기, B: 왼쪽 흔들기)

왼쪽으로 흔드는 것으로 나타났다. 이는 꼬리의 오른쪽 근육은 긍정적인 감정을 나타내고, 왼쪽 근육은 부정적인 감정을 나타냄을 의미한다"라고 설명했단다.

이것은 일상생활에서 개가 자신의 주인을 보았을 때는 오른쪽으로 꼬리를 많이 흔들고, 혼자 있을 때나 친하지 않은 커다란 개를 보았을 때는 왼쪽으로 꼬리를 흔드는 모습을 통해 확인할 수 있어.

그렇다면 그 밖에 개의 의사소통 방법으로는 어떤 것이 있을까? 또 동화에서 병사는 부싯돌로 개를 불러내고 개에게 여러 가지 명령을 하는 장면이 나오는데, 정말 사람과 개가 서로 뜻을 알아들을 수 있을까?

개들은 주로 소리로 자신의 의사를 많이 표현하는 편이야. 일반적으로 짖는 것과 낑낑거리기, 으르렁거리기, 늑대처럼 소리를 길게 뽑으며 높은음을 내는 것 등의 방법으로 자신의 의사를 표현하지. 우선, 개가 짖는 것은 어떤 것을 지키거나 그 경계를 분명히 밝히기 위해서인데, 일정한 주거 공간이 있는 개들은 떠돌이 개가 자신의 영역 근처를 지나칠 때 자기 영역을 알리고자 짖는 경우가 많아. 낯선 사람의 접근을 주인에게 알리려는 경우도 있고 말이야.

또 낑낑거리는 것은 주로 보살펴주기를 원하는 마음의 표현이란다. 대체로 어릴 때는 먹이나 보살핌을 요구할 때, 성장한 후에는 통증을 호소할 때 낑낑거리지. 원하는 대로 이루어지지 않을 때 그걸 요구하는 뜻이기도 하고.

한편, 으르렁거리는 것은 가까이 접근하지 말라는 공격적인 의사 표현이야. 이럴 때는 개의 행동까지 변하게 되는데, 꼬리와 귀가 위를 향해 치켜세워지게 되지. 여기서 더 공격적이 될 때는 털들이 일어서고 입술이 머리 뒤쪽으로 당겨지면서, 꼬리를 천천히 흔들고 이빨을 드러내며 으르렁거리게 된단다.

마지막으로 개가 두려움을 느낄 때는 귀를 머리까지 바짝 붙이고 꼬리를 다리 사이로 내린단다. 또 늑대처럼 소리를 길게 뽑는 것은 주로 밤에 외롭거나 쓸쓸할 때인데, 보통 나이가 많은 개가 잘 내는 소리란다.

설명을 듣다 보니 개와 더 친해진 것 같지 않니? 아마 동화 속에 나오는 병사도 부싯깃 통에서 나오는 개들이 없었다면 혼자 외로웠을 거야. 그 개들이 도와주었기에 돈도, 아름다운 공주도 얻

● 개는 주로 소리로 자신의 의사를 많이 표현한다. 일반적으로 짖는 것과 낑낑거리기, 으르렁거리기, 늑대처럼 소리를 길게 뽑으며 높은 음을 내는 것 등의 방법이 있다.

개의 몸짓이나 소리를 자세히 살펴보면 어느 정도 의사소통이 가능하다.

을 수 있었으니까. 돈이나 공주를 가져다주진 않더라도, 우리 친구들에게도 학교 갔다 돌아오면 반겨주는 강아지가 있니? 만약 있다면 지금보다 더 아껴주고 사랑해주렴. 개와 인간은 친구 사이니까 말이야.

 우리 집 강아지와 대화하기

● **큰일 났어요!**
갑자기 놀란 듯이 크게 멍멍 짖을 때는 "주인님, 이리 와서 이것 좀 보세요. 여기에 무슨 일이 생겼답니다!"라는 뜻이다. 그러면서 자꾸 그쪽으로 가자는 신호를 보낸다.

● **우리 친하게 지내자!**
꼬리를 살랑살랑 흔든다면 "난 네가 좋아!", "너랑 친해지고 싶어!"라는 표시이다. 만나서 반갑다고 사람들이 "안녕" 하고 손을 드는 것처럼 개는 꼬리를 흔드는 것으로 생각하면 된다.

● **안녕, 친구야!**
엉덩이를 쿵쿵거리며 냄새를 맡는 건 사람들이 악수하는 것과 같은 의미이다. 그러므로 이럴 때는 "안녕, 난 강아지야. 넌?"이라고 인사하는 걸로 받아들이면 된다. 단지 서로 "안녕!" 하고 인사를 하는 것뿐이므로 억지로 떼어놓을 필요는 없다.

● **네가 너무너무 좋아!**
귀와 꼬리를 쫑긋 세웠다면 "난 네가 좋아!"라고 미소를 짓는 것으로 받아들이면 된다. 자세히 보면 입도 웃는 것처럼 약간 올라가 보인다.

● **넌 누구야? 정체를 밝혀!**
귀여워서 쓰다듬어 주려고 하면 대부분의 개는 선뜻 몸을 맡기지 않는다. 상대가 어떤 사람인지

손의 냄새를 킁킁 맡는데, 이것은 "넌 누구니?" 하고 묻는 행동이다. 만약 좋은 사람이라고 판단이 되면 몸을 맡기고, 그렇지 않으면 피한다.

● 아이, 기분 좋아!
눈을 가늘게 뜨고 혀를 쭉 내민 채, 꼬리를 짧고 빠르게 흔들면서 경쾌한 발걸음으로 다가온다면 "나 지금 기분 매우 좋아요!"라는 뜻이다.

● 아이 따분해 ~
바닥에 몸 전체와 얼굴을 대고 엎드려서 눈을 치켜뜨고 멀뚱멀뚱 사람을 쳐다본다면, 혹은 앞발을 몸 앞으로 내민 채 그 위에 머리를 얹고는 엎드려 뚱한 표정을 짓는다면 따분하다는 뜻이다.

● 나 지금 떨고 있니?
개가 꼬리를 다리 사이로 감추는 것은 겁을 먹었다는 증거이다. 귀를 뒤로 납작 젖히고 꼬리를 감춘 채, 다리를 구부리고 엉덩이를 뒤로 쭉 뺐다면 100퍼센트 겁에 질린 것이다. "나 지금 떨고 있니?"라고 말하는 것과 같다.

● 난 너무너무 외로워요!
허공을 쳐다보고 늑대처럼 길게 우는 건 "난 지금 너무 외로워요!"라고 절규를 하는 것이다. 가끔 개들은 한 번씩 이렇게 우는데, 만약 주인이 없을 때 이렇게 운다면 마음의 병에 걸린 것이다.

● 컹컹 합창곡
멀리 있는 개와 서로 컹컹거리면서 번갈아가며 짖는 건 "나 여기 있어! 너는 잘 있니?"라고 서로 안부를 묻는 것이며, 같은 동족임을 확인하는 의미이다. 이것은 늑대 때부터 있던 습성이다.

● 나랑 놀아요!
앞다리에 힘을 주며 사람 주위를 이리저리 뛰어다니는 건 놀자는 뜻이다. 이때는 주둥이를 몸에 대고 앞발을 들면서 기대에 찬 표정으로 사람을 쳐다보기도 한다.

안데르센 사이언스 10

완두콩 꼬투리 속의 콩 다섯 개

어느 완두콩 꼬투리 속, 완두콩알 다섯 개가 살고 있었어요.

완두콩 꼬투리가 자라고, 속에 든 다섯 콩알도 자랐지요. 점점 자라면서 콩알들은 이렇게 생각했어요.

"꼬투리 밖으로 나가면 뭔가 내가 할 일이 있을 거야."

몇 주가 지나가자, 완두콩 꼬투리도 완두콩알들도 노랗게 변해갔어요.

어느 날 꼬투리가 당기는 느낌이 들었어요. 그건 어떤 사람이 콩대에서 꼬투리를 땄기 때문이에요.

"곧 꼬투리가 터질 거야. 그런데 누가 가장 멀리 갈까?"

제일 작은 콩알이 물었어요.

"곧 알겠지."

제일 큰 완두콩알이 자신에 차서 말했어요.

툭! 콩 꼬투리가 갈라졌어요. 다섯 개의 완두콩은 일제히 밝은 햇빛 속으로 튀어나왔어요. 그곳은 어느 어린아이의 손이었답니다.

"총을 쏘면 딱 좋겠어."

아이는 중얼거리더니, 콩알을 하나씩 고무줄 총에 넣고 쐈어요.

"난 넓은 세상으로 날아간다. 잡을 테면 잡아봐라."

첫 번째 콩은 이렇게 말하며 사라졌어요.

"난 태양까지 날아갈 테야."

두 번째 완두콩이 날아갔어요.

"우리가 가장 멀리 갈걸!"

세 번째 네 번째 완두콩은 이렇게 말하고는, 차례로 사라졌지요. 마지막 완두콩은 이렇게 말했어요.

"정해진 대로 가겠지."

고무줄 총에서 튕겨나간 마지막 완두콩은 획 날아서는 낡은 판자에 부딪혀 떨어지고 말았어요. 그리고는 창턱 작은 틈새로 들어갔답니다. 그 틈새에는 이끼와 무른 흙이 있어서 콩은 거기에 파묻혔지요.

그곳은 조그만 다락방의 창문이었어요. 다락방에는 가난한 아주머니가 살고 있었지요. 날마다 열심히 일했지만, 중병을 앓는 어린 딸에게 약도 제대로 사줄 형편도 못 되었답니다.

딸은 일 년 내내 침대에 누워 지냈지

요. 엄마가 벌이를 나가면 빈집에서 혼자 침대에 누워 창밖만 바라보며 쓸쓸하게 지내는 거예요.

이른 봄날 아침이었어요. 아주머니가 일하러 나가려는데, 창틀을 바라보던 딸이 말했어요.

"엄마, 저기 창틀 위로 파란 게 보여. 저게 뭐야? 바람 따라 움직이네."

아주머니는 창가로 다가가서 창을 열었어요.

"완두콩 새싹이잖아. 어떻게 이 틈새로 들어왔을까?"

아주머니는 딸이 완두콩 싹을 잘 볼 수 있도록 침대를 창가로 밀어놓고, 일하러 나갔어요. 그날 저녁 소녀가 말했어요.

"엄마, 완두콩이 잘 자라면 나도 몸이 나을 것 같아."

그래서 아주머니는 딸이 희망을 잃지 않도록, 완두콩 줄기에 버팀 막대를 세워주었답니다. 아래 창턱에서 위 창턱까지 줄도 길게 이어주었고요. 그 덕분에 완두콩 작은 줄기는 바람에 꺾이지도 않고 줄을 따라 무럭무럭 자라났답니다.

"꽃봉오리가 맺혔어!"

어느 날 딸이 외쳤어요. 그날은 엄마도 딸의 병이 나을 것 같다는 희망이 들었어요. 요즘 들어서 딸은 곧잘 명랑하게 이야기도 하고, 침대에 오래 앉아 있기도 했으니까요.

완두콩 꽃이 활짝 피어났어요. 그 꽃에 소녀가 입을 맞추었지요. 이 날은 소녀에게 축젯날 같았어요.

한편, 나머지 완두콩들은 어떻게 되었을까요?

"잡을 테면 잡아봐라." 하며 날아간 완두콩은, 지붕의 물받이 속으로 떨어졌어요. 그랬다간 비둘기의 먹이가 되고 말았지요. 가장 멀리 날아가겠다던 세 번째 네 번째 완두콩들도 역시 같은 신세였죠. 태양까지 날아가겠다던 완두콩은 하수구에 빠져서는, 퉁퉁 불어 터지고 말았고요.

다락방 창문 안의 소녀는 이제 건강한 얼굴빛이었어요. 소녀는 완두콩 꽃봉오리를 향해 손을 내밀더니, 눈을 감고 하느님께 감사 기도를 드렸답니다.

[완두콩 꼬투리 속의 콩 다섯 개]

원예치료의 역사

마지막 완두콩은 의도한 바는 아니었지만 아픈 소녀를 치료해주었구나. 자신에게 주어진 공간에서 싹을 틔웠을 뿐인데, 그게 소녀를 치료하는 일도 되었으니 참 좋은 일이지. 그런데 실제, 식물로 병을 치료하기도 한단다. 약으로 쓰이는 식물이 있는 것은 물론이고 말이야. 그럼 이번에는 식물로 하는 치료에 대해 알아볼까?

마지막 완두콩은 자신이 뜻한 바는 아니었지만 아픈 소녀를 치료해주었구나. 자신에게 주어진 공간에서 싹을 틔웠을 뿐인데, 그게 소녀를 치료하는 일도 되었으니 참 좋은 일이지. 그런데 실제, 식물로 병을 치료하기도 한단다. 약으로 쓰이는 식물이 있는 것은 물론이고 말이야. 그럼 이번에는 식물로 하는 치료에 대해 알아볼까?

고대 이집트에서는 의사가 환자에게 정원 산책을 권장했다고 하는데, 이것은 역사적으로 정신질환이 인정받기 전부터 시작된 거야. 이렇게 사람의 몸과 마음, 영혼을 개선하려고 식물과 정원 활동을 이용하는 과정을 '원예치료'

라고 하지. 원예치료는 초기에 주로 미국과 유럽을 중심으로 퍼졌는데, 2차 세계대전 이후에는 정신적이고 심리적인 향상을 위한 치료 도구로 정원 가꾸기나 농장 일에 사용되었어. 그 때문에 심리학자와 의사들이 인간과 식물의 관계에 대해 관심을 집중하기 시작했지. 우리나라에서도 1997년 원예치료연구회가 처음으로 생겼단다.

● 한약은 질병의 예방이나 치료를 위해서 사용되는 천연물 또는 가공된 약제를 혼합, 조제한 약물로 중국에서는 약 4천 년 전부터 쓰였다. 우리나라에는 신라 초기에 들여온 것으로 기록되어 있다.

이런 원예치료 외에도 식물을 직접 약으로 먹는 방법도 있단다. 우리 친구들도 몸이 아파서 병원에 가본 적이 있지? 이때 의사 선생님이 내준 처방전으로 약국에 가서 약을 사서 바르거나 먹으면 금방 낫고 말이야. 그런데 한의원을 가면 약의 종류가 조금 다른 것 같지 않니? 한약은 주로 천연물이나 가공한 약제를 혼합, 조제한 약물이라 식물도 원료로 많이 들어가지.

현대에 와서도 식물 성분을 이용하여 약을 만드는 연구는 계속되고 있어. 그 결과 택솔처럼 암을 치료할 때 쓰이는 물질을 비롯하여 백혈병 치료제로 쓰이는 식물 등도 찾아냈단다. 이것이 우리가 식물을 소중하게 다루어야 하는 또 다른 이유이기도 해.

동화에 나오는 소녀는 완두콩이 자라는 걸 보고 기분이 상쾌해져서 병이 나았지? 병원에서 창밖에 녹색의 풀이나 나무를 두는 것은 심리적인 상태를 편안하게 만들어 병을 낫게 하려는 것이니 원예치료에 가까운 셈이야.

● 완두콩은 완두의 열매로, 초여름에 열린다. 콩을 싫어하는 사람들도 밥에 얹어 별 부담 없이 먹을 수 있으며, 몸에 좋은 식물성 단백질이 많고 비타민도 풍부하다.

버드나무와 이순신 장군

버드나무는 물이 풍부한 습지에서 잘 자란다. 옛날에는 주로 열병이나 말라리아 치료에 쓰였고, 통증을 줄여준다고 하여 이빨이 아플 때 버드나무 껍질을 벗겨 입에 물고 있기도 했다.

버드나무의 효능은 이순신 장군의 일화에도 나온다. 이순신 장군이 무과 시험을 치르다가 말에서 떨어져 다리가 부러졌는데, 버드나무 껍질을 벗겨 동여매고 시험을 끝까지 치렀다고 한다. 아마도 이 시대에 이미 버드나무가 통증을 줄여준다는 사실을 알고 있었던 것으로 보인다. 진통제인 아스피린의 주성분이 버드나무 껍질에서 얻을 수 있는 물질과 같은 것이라는 사실이 이를 뒷받침해준다.

사실 원예치료는 거창한 게 아니야. 대개는 식물을 가꿔서 꽃과 채소, 과일 등을 얻지만, 그런 과정 자체로 신체나 정신에 긍정적 영향을 많이 받거든. 바로 이런 긍정적 영향이 치료에 들어가는 거란다.

실제로 한 시간 동안 정원 일을 하면 30분간 테니스를 치거나 한 시간 동안 골프를 친 것과 같은 효과를 볼 수 있다고 해. 또 하루 5분 정도 괭이 작업을 1개월 동안 꾸준히 하면, 체력에 중요한 배근력을 50퍼센트 정도는 향상시킬 수 있다고 해. 식물을 가꾸는 활동 자체만으로도 신체 기능이 향상된다고 하니, 따로 무언가 특별한 운동을 하기 어려운 사람들에겐 적당할 것 같지 않니?

이뿐만이 아니야. 녹색 환경은 사람의 혈압과 근육을 튼튼하게 해주고 뇌파 등에도 좋은 영향을 준다고 하니, 휴양지에 식물이 많은 것은 당연한 일이라고 할 수 있겠지. 이런 환경에서는 음이온이 나와 스트레스를 줄여주고, 신선한 공기가 몸과 마음을 안정시켜 주거든.

아마 그래서 동화 속의 소녀도 완두콩 새싹을 보며 건강을 되찾았을 거야. 우리 친구들도 방에 녹색 식물을 가꾸어보는 건 어때? 그리고 장래 희망을 세우고 말해보는 건 어때? 그 희망을 따라 마지막 완두콩처럼 온 힘을 다하다 보면 자기 자신뿐만 아니라 남도 행복하게 할 수 있지 않을까? 지금 현재 주어진 일이 숙제나 시험처럼 별로 하고 싶지 않은 일이라 해도 말이야. 아빠도 식물이 자라는 만큼 우리 친구들의 자신감과 희망도 함께 무럭무럭 자라도록 빌어줄게.

● 휴양지는 편안히 쉬면서 몸과 마음을 보양하기에 알맞은 장소로, 주로 자연 경관이 뛰어난 곳이 많다.

식물이 씨를 멀리 보내는 방법

● **봉숭아**

봉숭아는 씨를 둘러싼 껍질이 노란색으로 마르면, 안쪽으로 갑자기 휘어지면서 그 힘으로 씨들이 튀어나간다. 이렇게 깍지가 구부러지는 힘으로 멀리까지 퍼져 나간다.

● **지중해 분무 오이**

지중해 분무 오이는 씨가 들어 있는 주머니 안에 끈적거리는 액체가 가득 들어 있다. 그러다 열매가 익어 씨를 뿌릴 시기가 되면 액체가 많이 모여 압력이 높아지고, 마침내 껍질이 터지면서 씨가 밖으로 뿜어져 나온다. 이때 씨는 6미터 정도(보통 건물 2층 높이)까지 올라가기도 한다.

● **금작화**

동화에 나오는 콩처럼 금작화도 깍지가 있다. 깍지 속에 들어 있는 씨들은 깍지가 말라서 뒤틀어지는 힘으로 멀리까지 나간다. 깍지가 햇빛을 받는 쪽은 빨리 마르고 햇빛이 닿지 않는 쪽은 천천히 마르는데, 이 차이 때문에 깍지가 뒤틀리게 되는 것이다. 그 뒤틀리는 힘이 매우 커서 씨들을 멀리까지 보낼 수 있다. 브라질에 있는 후라나무의 열매는 32미터까지 씨를 보낼 수 있어, 씨를 가장 멀리까지 보내는 나무로 기록되어 있다.

● **민들레**

민들레는 우리 주변에서 쉽게 볼 수 있는 야생화인데, 4월 말이나 그보다 조금 더 이른 시기에 씨앗이 바람에 날리는 것을 볼 수 있다.

● **단풍나무**

단풍나무는 잎이 나온 다음 얼마 지나지 않아, 날개 달린 씨앗이 많이 열려 있는 것을 볼 수 있다. 주로 가을에 씨가 완전히 익을 때까지 나무에 달려 있다가 날개 부분의 수분이 모두 마른 다음에야 바람을 따라 뱅뱅 돌면서 날아간다. 날개 달린 씨앗도 크기와 모양은 여러 가지이다. 아시아 열대 숲에서 자라는 알소미트의 씨는 날개의 길이가 무려 15센티미터나 된다고 한다.

● 야자

야자는 바닷물을 이용해서 씨앗을 멀리 보낸다. 열대 바닷가에서 많이 나는 야자는 열매 안에 많은 수분이 있다. 약 300밀리그램 정도의 수분에는 영양분이 풍부해서 사람들이 즐겨 찾는데, 대개 구멍을 뚫어서 그 안에 있는 물을 마신다. 그런데 이 물은 야자가 씨앗을 멀리 보낼 때 씨앗을 유지하기 위한 준비물이며, 딱딱한 껍질은 바닷물로부터 씨앗을 보호하려는 것이다.

● 바다콩

바다콩도 바닷물을 이용해서 씨앗을 멀리 보낸다. 깍지 길이가 무려 1미터를 넘고 씨앗 지름도 5센티미터를 넘는 것이 있다. 이 씨들은 미국에서 출발하여 무려 6,400킬로미터 이상을 바다 위를 떠다니다가 유럽으로 가기도 한다.

● 사과, 배, 복숭아

우리가 즐겨 먹는 과일에도 씨가 있는데, 주로 달콤하고 시원한 과육 속에 깊숙이 들어 있다. 이런 열매들은 사람들이 먹을 수 있는 과육 부분이 많아지도록 개량한 것이다. 실제 야생에서 자라는 복숭아(개복숭아)를 보면 먹을 수 있는 부분은 그리 많지 않다. 이런 열매들은 완전히 익기 전까지는 맛과 향이 없다가 가을이 가까워지면 향을 내서 과육을 먹으려는 새나 다람쥐 등 동물을 불러 모은다. 아주 딱딱한 껍질에 싸여서 보호되는 씨 부분은 수분이나 양분이 적절한 곳에 떨어지면 싹을 내어 새로운 나무를 자라게 한다.

안데르센 사이언스
Science 11

성냥팔이 소녀

추운 겨울, 눈발이 매섭게 휘날리는 어두운 거리를 한 소녀가 서성거리고 있었어요. 가난한 소녀는 모자도 없었고 맨발이었어요.

집을 나설 땐 슬리퍼를 신고 있었지요. 하지만 덮칠 듯 다가오는 마차를 피하려다가 슬리퍼를 모두 잃어버리고 말았어요. 얼어붙은 거리를 맨발로 걷다 보니 꽁꽁 얼어서 검붉게 변했지요.

소녀는 성냥을 파는 아이였어요.

'종일 돌아다녔지만 하나도 못 팔았어. 이대로 집에 가면 아버지한테 매만 맞을 텐데……'

그날따라 소녀를 불쌍히 여겨 돈 한 푼 주는 사람도 없었지요. 소녀는 배고픔과 추위에 덜덜 떨면서, 기다시피 걸었어요.

집집이 창문 너머로 따스한 불빛과 맛있는 거위 고기 냄새가 퍼져 나왔어요. 그날은 그 해 마지막 날이었는데, 소녀도 그건 알고 있었지요.

소녀는 어느 집 귀퉁이에 몸을 웅크리고 앉았어요. 추위로 곱은 손에 입김을 불며 생각했어요.

'성냥 한 개비면 손가락을 녹일 수 있을 거야!'

치직! 성냥 한 개비가 따뜻한 소리를 내며 타올랐어요. 작은 불꽃이었지만 촛불처럼 따스하고 밝았어요. 소녀는 그 위로 손을 올렸어요.

멋진 장식이 달린 커다란 난롯가에 앉은 것 같았어요. 그래서 언 두 발도 녹이려고 발을 뻗었어요. 그 순간 불꽃이 꺼져버렸어요. 난로는 사라지고, 반쯤 타다 만 성냥 꼬투리만 남았지요.

소녀는 새 성냥개비를 꺼내 불을 붙였어요. 환한 불꽃이 타오르면서 벽을 비추었는데, 벽이 투명해지면서 방안이 들여다보였어요. 식탁 위에는 노릇노릇한 거위구이가 차려져 있었어요. 먹음직스런 거위구이에서는 모락모락 김이 피어올랐지요.

신기하게도 거위가 접시에서 뛰어내리더니 뒤뚱거리며 방을 돌아다녔어요. 그때 성냥불이 꺼지고, 보이는 건 두껍고 차가운 벽뿐이었어요.

새 성냥개비에 또 불을 붙였어요. 이번엔 멋진 크리스마스 트리가 나타났어요. 부잣집 창문 너머로 본 트리보다 더 크고 화려했지요. 그걸 잡아보려고 손을 내밀자 성냥불이 꺼지고 말았어요.

그러다 소녀는 어둔 밤하늘에 별 하나가 긴 꼬리를 그리며 떨어지는 걸 보았어요. 소녀가 중얼거렸어요.

"누가 죽어가나 봐."

돌아가신 할머니가 그렇게 알려주셨죠. 소녀가 다시 성냥불을 켜자, 주위가 환해지면서 할머니가 나타났어요. 다정하고 부드러운 얼굴이었어요.

"할머니! 날 데려가 주세요. 성냥불이 꺼지면 가버릴 거죠? 따뜻한 난로랑, 맛있는 거위구이랑, 멋진 크리스마스 트리처럼."

소녀는 서둘러서 남아 있는 성냥 더미에 불을 붙였어요. 할머니를 붙잡아 두고 싶었으니까요.

성냥 더미에 불이 붙자 주위가 대낮보다 더 환해졌어요. 할머니는 소녀를 품에 안고 밝은 빛을 내며 아주 높은 곳으로 올라갔어요. 거기는 추위도 배고픔도 고통도 없는 곳이었어요.

다음날 어슴푸레한 새벽빛 속에서, 벽에 기댄 채 죽어 있는 소녀가 발견되었어요. 뺨은 아주 창백했지만 입가에는 미소를 머금고, 손에는 타버린 성냥 다발을 쥐고 있었지요.

"쯧쯧, 몸을 녹이려고 했나 봐."

사람들이 말했어요. 그러나 소녀가 얼마나 아름다운 것들을 보았는지는 아무도 몰랐지요.

[성냥팔이 소녀]

석류황과
마법사의 불

가련하고 불쌍한 소녀! 성냥개비 하나하나에 불을 붙이며 추위를 녹이는 장면이 너무나 안타깝네. 매서운 바람이 불던 추운 겨울 날씨에 자그마한 성냥불로 잠시나마 소녀가 추위를 덜어낼 수 있었다면 얼마나 다행이었을까! 불의 발견은 우리 인류에게도 많은 혜택을 주었어. 그러면 인류에게 엄청난 편리를 가져다준 성냥은 언제, 어떻게, 누구에 의해서 만들어졌는지 알아볼까?

가련하고 불쌍한 소녀! 성냥개비 하나하나에 불을 붙이며 추위를 녹이는 장면이 너무나 안타깝네. 매서운 바람이 불던 추운 겨울 날씨에 자그마한 성냥불로 잠시나마 소녀가 추위를 덜어낼 수 있었다면 얼마나 다행이었을까!

인류의 역사에서 불의 발견은 매우 중대한 사건이었단다. 그리스 신화에서는 프로메테우스가 신으로부터 불을 훔쳐다가 인간에게 주었다고 하지. 우리 인류의 조상이 불을 사용하기 시작한 것은 구석기시대부터라고 해. 그 당시의 인류가 불을 사용했다는 사실은 구석기시대의 유적지에 남아 있는 숯이나 재의 흔적으로 증명이 되었단다.

인류가 불로부터 받은 혜택은 이루 말할 수 없을 정도로 엄청나게 많아. 음식을 익혀 먹게 되면서 영양 상태가 매우 좋아지고 신체적으로 강해졌으며, 추위를 극복하는 방법을 얻게 되어 활동 영역도 더 넓어지게 되었지.

처음에 원시인들은 아마도 화산이나 벼락 또는 산불 등으로 우연히 불을 얻게 되었을 거야. 그런데 그렇게 얻은 불을 꺼지지 않게 잘 보관하는 것은 대단히 어려운 일이었지. 그래서 원시인들은 스스로 불을 만들어낼 궁리를 하게 되지 않았을까?

인류가 맨 처음 고안해낸 방법은 마른 나뭇가지들을 비벼서 불씨를 얻는 방법이었다고 해. 그러다 나중에 부싯돌을 발견하고는 불씨를 좀 더 쉽게 얻을 수 있었지. 하지만 그래도 지금의 성냥에 비하면 매우 불편한 방법이었을 거야.

그러면 인류에게 엄청난 편리를 가져다준 성냥은 언제, 어떻게, 누구에 의해서 만들어졌을까? 지금부터 약 350년 전인 17세기 후반에 인(燐도깨비불-인)이라는 물질이 발견되고 나서야 사람들은 간편하게 불을 일으킬 수 있는 법을 연구하기 시작했단다.

1669년의 어느 날이었어. 은을 금으로 바꿔줄 수 있는 물질을 찾기 위해 여러 가지 연금술(鍊불릴-연金쇠-금術꾀-술) 실험을 하던 독일인 브란트는 공기가 들어가지 않은 상태에서 소변을 끓여보았단다. 하지만 어떠한 변화도 나타나지 않자 그냥 소변을 병에 담아

● **연금술**
고대 이집트에서 시작되어 아랍과 유럽으로 전해진 원시적 화학 기술. 연금술사들은 모든 물질은 네 가지 원소로 되어 있다고 믿었다. 그래서 이 네 가지 성질의 비율을 바꾸면 구리, 철, 납 같은 값싼 금속으로 황금 같은 귀금속을 만들 수 있다고 주장하였다. 연금술은 약간의 화학적 지식에 마술과 철학이 가미된 사이비 과학이었지만 화학 탄생에 많은 도움을 주었다.

보관하였지. 그렇게 며칠이 지난 후, 브란트는 한밤중에 이 병에서 희미한 빛이 나오는 것을 관찰하게 되었지. 그러니까 소변을 통해 몸속에서 빠져나온 '인'이 공기 중에서 산화되지 않아 고유한 특성이 나타난 거야. 또 브란트는 인이 섭씨 약 50도의 낮은 온도에서도 불이 붙는다는 사실도 알아냈지. 그래서 영국의 보일이라는 과학자는 인을 발화제(發쏠-발火불-화劑돼-제, 불을 일으키는 물질)로 활용하려고 했는데, 너무 쉽게 불이 붙어버려 위험했기 때문에 실제로는 사용하지 못했단다.

성냥의 원형이 처음 나타난 것은 그로부터 약 150년이 지난 19세기 초란다. 1827년 영국의 화학자 존 워커는 지금의 것과 비슷한 성냥을 발명하여 사람들에게 선을 보였지. 어느 날 존 워커는 실험실에서 탄산칼륨과 황화안티몬을 섞으려고 두 물질을 그릇에 넣고 막대로 휘저었어. 휘젓는 동안 막대 끝에 달라붙은 덩어리를 떼어내려고 막대 끝을 돌로 된 바닥에 문질렀는데, 갑자기 막대 끝에서 불이 일어나 붙는 거야. 그걸 보고 워커는 작은 나뭇개비 끝을 화학물질에 담갔다가 건조해 성냥을 만들게 되었단다. 이렇게 새로운 발명품들 가운데는 다른 일을 하는 도중에 우연히 탄생하게 된 경우가 많아. 참으로 흥미로운 발명의 순간 아니겠니?

그 당시에는 사람들이 부싯돌과 쇳조각, 그리고 불을 붙이는

데 쓰는 마른 솔잎이나 말린 버섯, 솜 등이 들어 있는 부싯깃 통을 가지고 다녔단다. 지금 보면 참으로 귀찮고 성가신 일 아니니? 그러니 존 워커의 새로운 발명품인 성냥이 큰 인기를 끌었음은 당연한 일이겠지. 사람들은 이제 거추장스런 부싯깃 통을 가지고 다니지 않아도 되었단다. 대신 성냥을 가지고 다니면서 쉽게 불을 붙일 수 있게 되었지.

그 당시에 길거리에서 신기한 새 발명품인 성냥을 사고파는 모습은 흔히 볼 수 있는 풍경이었단다. 존 워커는 아마도 성냥을 팔아 큰 부자가 되었을 거야. 안데르센 아저씨가 재미있는 동화를 열심히 쓰셨던 시기가 1830년대니까, 안데르센 아저씨도 당시의 놀라운 발명품인 성냥의 출현을 보게 된 셈이고, 성냥을 사고파는 거리의 풍경에서 '성냥팔이 소녀' 이야기의 아이디어를 얻었는지도 모르지.

그런데 존 워커가 만든 성냥에는 약간의 문제가 있었어. 불을 붙일 때 갑자기 폭발하듯 불꽃이 일어났고, 냄새 또한 아주 고약했거든. 그래서 1831년에는 프랑스의 소리아라는 사람이 냄새가 나지 않는 노란 인(또는 흰 인) 성냥을 개발하였단다. 노란 인 성냥은 불이 잘 붙어서 널리 보급되었단다. 그런데 이 성냥은 상당히 위험했어. 성냥이 담긴 성냥갑이 움직이면서 성냥끼리 자연스럽게 마찰이 일어나 불이 붙는 거야. 더구나 기온이 높고 공기 중에

● **부싯깃 통을 사용해 불을 붙이는 방법**
한 손에 든 부싯돌로 다른 손에 든 쇳조각을 마치 깎아내듯이 긁어서 불똥을 일으킨다. 일어난 불똥을 마른 솔잎, 해진 밧줄, 말린 버섯, 솜, 새털 같은 부싯깃에 붙여 불씨를 얻어낸 다음 입으로 후후 불어 불을 일으킨다.

● 성냥은 마찰에 의하여 불을 일으키는 물건으로, 작은 나뭇개비의 한쪽 끝에 황 따위의 연소성 물질을 입혀 만든다.

● 인 중독

오랜 시간에 걸쳐 지속적으로 몸속에 들어온 인은 얼굴 주위의 뼈, 특히 턱뼈에 쌓이게 된다. 처음에는 치통이 생기고 잇몸이 붓다가, 나중에는 턱뼈에서 악취를 풍기면서 고름이 나온다. 심한 경우에는 한밤중에 턱뼈에서 연두색의 희미한 빛이 나오고, 뼈가 썩어들어간다. 그렇게 되면 턱뼈를 잘라내야 하는데, 그러지 않으면 간이나 신장 등 다른 장기에까지 인이 퍼져 생명을 잃을 수도 있다. 또한 인이 뇌로 들어가 쌓이면 뇌손상을 일으키기도 한다.

습기가 많을 때에는 성냥이 저절로 발화하여 폭발을 일으키기도 했지. 호주머니 속에 성냥을 넣고 다니던 사람들은, 갑자기 호주머니 안에서 불꽃이 일어나며 옷이 타고 몸에 화상을 입었을 테니 얼마나 놀라고 당황했겠어. 더구나 성냥에 불이 붙을 때는 몸에 해로운 연기도 함께 발생했거든.

더욱 위험하고 나쁜 일은 성냥 공장에서 성냥을 만들던 여성 노동자들에게 일어난 일이란다. 성냥의 원료 중 하나인 인이 사람들의 몸속으로 서서히 스며들어가 중독을 일으킨 거지. 인은 충치를 통해 몸속으로 들어가서 사람들의 뼈와 장기에 끔찍한 병을 일으켰단다. 이런 일이 발생하자 사회운동가들은 성냥을 사용하지 말자는 운동을 펼치기 시작했고, 1888년에는 노동자들이 위험한 노동 환경에 대해 파업을 일으켰단다. 그렇지만 성냥의 편리함 때문에 성냥은 계속 사용되었어. 그러다가 1912년에 영국에서 잠깐이지만 성냥 사용이 금지되었고, 마침내 1922년에 국제 협약에 따라 세계적으로 노란 인 성냥의 생산이 금지되었단다.

노란 인 성냥의 위험성이 널리 알려지면서 이 성냥을 대신할 좀 더 안전한 성냥을 만들게 되었단다. 그래서 붉은 인의 제조 기술이 발달하게 되었지. 붉은 인은 노란 인보다 훨씬 안정적인 물질이야. 1844년에 스웨덴 사람 파스크가 붉은 인 성냥을 고안해 냈고, 1848년에는 독일인 뵈트거가 안전성냥을 발명하였지.

안전성냥의 원리는 두 종류의 화학물질의 반응을 이용한 거야. 뵈트거는 그때까지 성냥개비에 사용했던 혼합물들을 분리시켜서, 황화안티몬과 붉은 인 화합물은 성냥갑의 벽면(마찰 면)에다 바르고, 성냥개비의 머리에는 염소산칼륨과 황을 발랐단다. 이렇게 함으로써 성냥개비들끼리 서로 마찰이 일어나도 불이 붙지 않게 되었으며, 반드시 성냥개비를 성냥갑 마찰 면에다 문질러야만 불을 켤 수 있게 되었단다. 오늘날 우리가 쓰는 성냥의 성냥갑 마찰 면이 검붉은 색으로 되어 있는 것도 바로 마찰 면에 붉은 인 성분이 칠해져 있기 때문이란다. 그렇지만 처음의 이 안전성냥도 지금 우리가 쓰는 것처럼 완전한 것은 아니어서, 가끔 저절로 발화하거나 폭발하기도 했단다.

그러면 성냥팔이 소녀가 쓴 성냥은 어떤 성냥이었을까? 동화에서 소녀가 새 성냥개비를 꺼내어 벽에 긋자 환한 불꽃이 타오르면서 벽을 비추었다고 하는 걸로 보아, 성냥팔이 소녀가 사용한 성냥은 노란 인 성냥이었을 거야. 성냥개비를 벽에 긋기만 해도 불이 일어날 정도로 발화성이 좋은 것은 노란 인 성냥이거든. 또 안데르센 아저씨가 이 동화를 썼던 시기에는 아직 붉은 인 성냥이나 안전성냥이 널리 보급되던 시기가 아니었지.

그러면 우리나라에는 성냥이 언제 들어왔을까? 유럽에서 성냥을 만드는 데 노력을 기울이고 있을 때 우리나라에서는 아직도 부

● **노란 인과 붉은 인은 어떻게 다를까?**
〈노란 인〉
• 녹는점이 낮다(섭씨 44도).
• 기름과 같은 액체에 녹는다.
• 상온에서도 산소와 반응하여 불이 붙는다.
• 독성이 매우 강해, 0.1그램 정도만으로도 사람이 죽을 수 있다.

〈붉은 인〉
• 녹는점이 매우 높다(대기 중에서는 가열해도 녹지 않고 노란 인으로 분해된다).
• 어떤 용액에도 녹지 않는다.
• 섭씨 250도에서 불이 붙는다.
• 독성이 매우 약하다.

싯돌을 많이 사용하고 있었어. 강철 조각을 차돌에 마찰시켜 불꽃이 일어나면, 이걸 마른 쑥에 붙여 불씨를 얻는 거지. 이 외에도 '석류황(石돌-석硫유황-류黃누를-황)'이라는 걸 쓰기도 했는데, 소나무를 얇게 깎아 말린 후 끝에다 황을 찍어 건조한 거야. 모습은 성냥과 비슷하기도 한데, 자체적으로 불을 일으킬 순 없고 화로의 불씨에다 갖다 대서 불을 붙이는 용도로만 쓰였지. 그러다가 우리나라에 서양식 성냥이 처음 들어온 것은 1880년이었어. 수신사 김홍집과 함께 일본에 갔던 승려 이동인이 귀국할 때 처음으로 가지고 들어왔지.

하지만 사람들이 성냥을 생활용품으로 쓰기 시작한 것은 일제강점기인 1910년대부터란다. 일본인들이 인천에 조선성냥, 일본말로는 '조선인촌(朝아침-조鮮고울-선燐寸)'이라는 공장을 세우고 군산, 수원, 영등포, 마산, 부산 등에도 성냥 공장을 세워 성냥을 만들기 시작한 거지. 하지만 일제는 우리나라 사람들에게는 성냥 공장 허가를 전혀 내주지 않았고 기술도 배우지 못하게 하였단다. 그렇게 해서 우리나라 성냥 공장을 독점한 일제는 성냥 1통에 쌀 1되라는 엄청나게 비싼 값으로 팔아서 착취의 수단으로 사용하였지.

일본인들은 성냥을 인촌(燐도깨비불-인寸마디-촌)이라고 불렀단다. 하지만 우리 조상은 일본식 표현을 쓰는 대신 조선시대부터 가지고 있던 이름 '석류황'을 고집했어. 바로 이 '석류황'이라는 말이 전해 내려오면서 빨리 발음되다 보니 오늘날의 '성냥'이라는 말로 변하게 된 거란다. 어때? 성냥 하나에도 엄청난 과학과 역사가 숨어 있다니 참으로 신기하지 않아?

성냥 이야기는 이제 그만하기로 하고, 이제는 조금 무섭고 슬픈 이야기를 해볼까 해. '가련한 성냥팔이 소녀가 왜 죽게 되었을까?' 하는 이야기를 말이야.

한 해가 저물어가는 마지막 날 밤, 추위 속에서 얼어 죽은 소녀의 이야기를 과학적으로 풀어가 보도록 하자. 우리는 간혹, 추운 날씨에 산에서 길을 잃고 잠이 들었다가 얼어 죽은 사람들 이야기를 뉴스에서 듣곤 하지. 때로는 기온이 영하가 아닌데도 그런 일이 일어나기도 하고. 사람들이 흔히 '얼어 죽는다'라고 하는 말은 과학적으로는 '저(低밑-저)체온증'으로 인해 죽은 경우를 말해. 그러니까 실제로 영하 기온에서 몸이 어는 것이 아니라, 체온이 떨어져 신체의 기능이 손상되는 거지. 그러니까 저체온증은 꼭 겨울에만 발생하는 건 아니란다.

사람의 정상적인 체온은 섭씨 36.5~37도로 유지되며, 더위나 추위에 대하여 자체적으로 몸을 보호할 수 있는 방어 장치를 갖추고 있단다. 마치 에어컨의 자동 온도 조절기처럼 우리 몸에도 자동 온도 조절기가 있는 거지. 우리 몸의 자동 온도 조절기는 뇌의 아래쪽인 시상하부라는 곳에 있단다. 그러니 만약 시상하부에 질환이 생겨 손상을 입게 되면 사람은 체온을 조절하는 능력도 잃게 돼. 그러면 따뜻한 환경에서는 체온이 올라가고, 추운 곳에서는 체온이 내려가게 되겠지.

사람은 옷을 입고 있지 않아도 주변 기온이 10~55도인 범위에서는 자동으로 체온을 조절해 정상 체온을 유지할 수 있어. 사람의 주거 환경으로 볼 때 높은 온도인 55도 이상에 노출되는 경우는 거의 없으므로, 문제가 되는 경우는 대개 낮은 온도일 때의 체온 조절이야.

정상적일 때 우리 몸은 체온이 약간 떨어지는 것은 견디어낼 수 있어. 하지만 우리 몸이 어는점이나 어는점 가까이에 오랜 시간 노출되면, 이러한 방어 장치가 제대로 작동하지 못해 몸 중심의 체온이 35도 이하로 떨어진단다. 그렇게 되면 심장, 허파, 뇌, 그 밖에 생명을 유지하는 데 꼭 필요한 장기들의 기능이 떨어지기 시작하고, 우리 몸의 체온을 조절하는 방어 활동의 기능을 잃게 되어 체온이 떨어지게 된단다. 이렇게 체온이 일정한 범위 아래로 떨어진 경우를 '저체온증'이라고 하는 거야.

저체온증은 사람이 물에 빠져 오래 잠겨 있었을 때는 빠르게 진행될 수 있단다. 차가운 강물이나 바다에 빠지면, 죽음의 직접적인 원인은 대개 익사(溺빠질-익死죽을-사)보다는 체온 저하 때문인 경우가 더 많다고 해. 사람의 몸이 차가운 물에 들어가 있는 경우에

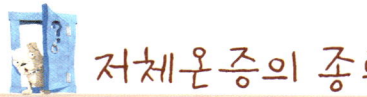 저체온증의 종류

저체온증은 얼마나 빠른 속도로 체온이 떨어졌는지, 그리고 얼마나 낮은 온도까지 떨어졌는지에 따라 좌우되며, 곧은창자에 체온계를 넣고 체온을 측정하여 판단한다.

● **경증 저체온증**

곧은창자의 체온이 섭씨 32.2도 이상일 때를 말한다. 이때는 오한, 느린 말투, 기억 상실, 서투른 손동작 등이 나타난다. 걸을 때 비틀거리고 터덕거리지만 대개 의식이 있어 반응을 하고 말을 할 수 있다. 일반적으로 손발이 차지만 배가 찬 경우도 있다.

● **중증 저체온증**

곧은창자의 체온이 섭씨 32.2도 미만일 때를 말한다. 오한은 더 나타나지 않으며, 근육이 딱딱하게 굳어서 마치 죽은 후의 사후강직(死죽을-사後뒤-후強강할-강直곧을-직)처럼 보인다. 살갗은 얼음처럼 차고 푸른빛을 띤다. 맥박과 호흡은 느려지고 동공(눈동자)은 커지며, 혼수상태에 이른다. 겉보기에는 마치 죽은 것처럼 보인다.

는 공기에서보다 냉각 효과가 30배가량 빠르고, 결국 생명이 위험할 정도로 체온이 떨어지는 데도 그만큼 짧은 시간이 걸리는 거지.

저체온증이 항상 산이나 바다, 강 등 한적한 곳에서만 발생하는 것은 아니고, 도시 한복판에서도 일어날 수 있단다. 겨울에 집도 없이 길거리를 떠도는 노숙자들이나, 난방이 되지 않는 방에서 잠을 자는 사람들에게도 저체온증이 발생할 수 있단다. 특히 어린

타이타닉호의 비극

1912년, 세계 최대의 호화 여객선인 타이타닉호가 영국에서 대서양을 건너 미국으로, 비극적인 첫 항해를 시작했다. 영국을 떠난 지 며칠이 지난 어느 날 밤, 타이타닉호는 빙산과 충돌하여 가라앉기 시작했다. 구명보트는 2,200명이나 되는 승객과 승무원의 절반도 태울 수가 없었으며, 많은 사람이 바다로 뛰어들어야만 했다. 바다는 잔잔했지만 수온은 영하 1.5도였다. 몇 시간 후 구조선이 현장에 도착했을 때는 1,500구가 넘는 시체를 건져야 했다. 많은 사람이 구명조끼를 입고 있었으나 죽음을 피할 수는 없었다. 그들 중 익사한 사람은 한 사람도 없었으니, 모두 저체온증으로 죽었던 것이다.

아이들이나 연약하고 마른 노인들, 오랜 질병을 앓고 있거나 피로, 배고픔, 탈수 상태에 있는 사람은 더욱 위험하지.

갑작스런 저체온증은 특히 습도가 높고 바람이 부는 추운 날, 밖에서 오랜 시간 있었을 때 일어난다고 해. 성냥팔이 소녀가 그날 밤 겪어야 했던 '눈발이 휘날리는 추운 겨울 날씨'는, 맨발에 모자도 쓰지 않은 소녀에게는 참으로 위험한 환경이었던 거야. 거센 겨울바람이 휘몰아가는 공기는 정지해 있는 공기보다 냉각 효과가 훨씬 크고, 게다가 소녀는 종일 걸어다니느라 지치고 배고픔에 떨고 있었으니 말이야.

소녀의 체온은 서서히 떨어지기 시작했지. 그러다 체온이 32도

이하로 떨어지면서는 호흡이 곤란해지고 정신도 혼미해졌어. 급기야는 혼수상태에 이르게 되어 헛것(환영)까지 보이기 시작했지. 그때 소녀가 본 것은 무엇이었을까? 소녀가 가장 절실하게 원하던 것, 그러니까 따뜻한 방과 난롯불, 먹고 싶었던 맛있는 음식과 과일, 갖고 싶었던 아름다운 크리스마스 트리, 그리고 소녀를 사랑해주셨던 할머니……. 그 하나하나의 영상이 작은 성냥불 속에서 하나씩 태어나고 사라지고 하기를 반복했지. 그리고는 드디어 온화한 할머니의 품에 안겨 하늘나라로 올라가는 환영 속에서 죽고 말았으니 그 애처로움이 한없이 크구나. 그래도 소녀는 마지막 순간에 자신이 원하던 아름다운 것들을 보고 사랑하는 할머니와 함께였으니, 그나마도 소녀에게는 작은 위안이 되지 않았을까? 행복감으로 가득 차 입가에 미소를 머금은, 하늘나라의 소녀에게 축복을!

안데르센
사이언스
Science 12

눈의 여왕

집들이 빽빽이 들어서고 사람이 많이 사는 큰 도시. 그 한 곳에 카이와 게르다네 집이 있었어요. 카이네 집과 게르다네 집은 똑같이 제일 꼭대기층에 있는 작은 다락방집이었는데, 서로 마주 보고 있었지요.

두 집 모두 창문 밖으로 커다란 나무 상자를 내어 걸고, 거기에 장미를 가꾸었어요. 카이네 집 장미덩굴과 게르다네 집 장미덩굴은 점점 자라더니 서로 얽혔고, 멀리서 보면 커다란 장미덩굴 문이 있는 것 같았지요.

카이와 게르다는 사이가 좋았어요. 그래서 함께 책도 읽고, 할머니한테 옛날이야기를 듣기도 했어요.

눈이 펑펑 쏟아지는 날이었어요. 카이네 할머니가 눈을 가리키며 말했어요.

"하얀 벌들이 떼를 지어 다니는 것 같구나."

카이가 물었어요.

"하얀 벌들한테도 여왕벌이 있나요?"

"그렇고말고. 여왕벌은 벌들이 제일 많이 모이는 곳을 날아다닌단다. 벌 중에서 제일 큰데, 검은 구름 속으로 하늘 높이 날아다니지. 한밤중이면 거리를 날아다니면서 창문 안을 들여다보기도 하고."

게르다가 물었어요.

"눈의 여왕이 이 안으로 들어올 수 있나요?"

그러자 카이가 이렇게 말했어요.

"들어오면 내가 난로 위에 놓고 녹여버릴 거야."

며칠 후 카이는 창문의 성에를 조금 녹이고 그 틈으로 밖을 내다보았어요. 한가하게 눈송이가 날아다니고 있었는데, 가장 큰 눈송이가 이상스레 변하기 시작했어요. 점점 커지더니 하얀 옷을 입은 여자가 된 거예요. 마치 수백만 개의 눈송이가 합쳐진 것 같았어요. 아주 아름다웠고 두 눈이 반짝이는 것이 살아있는 게 분명했어요.

그 여자가 카이를 향해 손짓을 했어요. 카이는 깜짝 놀라서, 딛고 서 있는 의자에서 얼른 뛰어내렸어요. 그 순간 커다란 새가 창문을 스쳐 날아가는 것 같았어요.

천천히 봄이 오고, 장미꽃은 다시 피어났어요. 카이와 게르다가 가장 좋아하는 건, 바로 싱싱하게 피어난 장미꽃 아래서 노는 일이었어요.

이 날도 카이와 게르다는 나란히 앉아, 동물과 새가 나오는 그림책을 보았어요. 갑자기 카이가 비명을 질렀어요.

"아야! 눈에 뭐가 들어갔어. 가슴도 따끔거려."

놀란 게르다는 카이의 눈을 들여다보았지만 아무것도 없었어요. 다행히 카이는 오래 아프지 않았지요. 그래서 눈이랑 가슴에 들어온 게 없어졌다고 생각했어요.

사실은 없어진 게 아니었어요. 깨진 거울에서 떨어져 나온 가루가 깊숙이 박히고 말았던 거예요. 그것도 평범한 거울이 아니라 악마의 요술 거울이었어요. 요술 거울의 가루가 스며들면, 누구든 나쁘게만 생각하고, 남 헐뜯는 말이나 하며 심술궂게 굴었어요.

카이가 거칠게 말했어요.

"저 장미는 벌레가 먹었잖아. 그리고 이건 완전히 비뚤어졌어. 에잇!"

그러면서 장미 두 송이를 난폭하게 꺾어버렸어요.

"카이야, 갑자기 왜 그래?"

놀란 게르다가 물었지만, 카이는 게르다를 무시한 채 장미 한 송이를 더 꺾을 뿐이었어요.

카이는 날이 갈수록 심술궂어졌어요. 게르다가 그림책을 가져오면,

"그런 건 아기들이나 보는 거잖아."

하고 얼굴을 찌푸렸지요. 할머니가 옛날이야기를 해주면, "그렇지만……." 하면서 말참견을

하거나, 할머니 흉내를 내며 장난을 쳤어요.

　겨울이 되자, 카이는 썰매를 타러 나갔어요. 예전 같으면 게르다와 함께 갔을 테지만, 이번엔 간다는 말만 내뱉고는 혼자 쏜살같이 달려나갔어요.

　광장에는 아이들이 모여 신나게 썰매놀이를 하고 있었지요. 그 사이에서 카이가 한참을 놀고 있을 때, 어디선가 큰 썰매가 나타났어요. 흰 털모자를 쓰고 하얀 털옷을 입은 사람이 앉아 있었어요.

　카이는 무슨 생각인지 자기 썰매를 그 큰 썰매에 묶었어요. 이윽고 큰 썰매가 달리기 시작했는데, 거리를 벗어나면서부터 엄청난 속도로 달렸어요.

　겁이 난 카이는 자기 썰매를 떼어내려고 안간힘을 썼지만 소용없었어요. 카이의 작은 썰매는 큰 썰매가 이끄는 대로 끌려가고만 있었어요. 카이는 그렇게 해서 눈의 여왕이 사는 성에 오고 말았어요.

　"신나게 달려왔지? 오, 이런 추워서 파랗게 질렸구나."

　눈의 여왕이 카이 이마에 입을 맞추었어요. 그 순간 차가운 냉기가 카이의 심장으로 전해졌어요. 잠깐은 얼어 죽을 듯 추웠지만, 곧 추위가 가시고 기분이 상쾌해졌어요.

　그런데 카이에게 일어난 일을 아는 사람은 아무도 없었어요. 게르다가 카이를 찾아 나섰어요. 하지만 카이가 큰 썰매와 함께 사라졌다는 이야기만 들을 뿐이었죠.

　게르다는 카이를 찾아 나서기로 했어요. 강을 따라 걷다가, 작은 배에 올라탔어요. 배가 강으로 미끄러져 들자 이런 생각이 들었어요.

　'어쩌면 이 강물이 날 카이한테 데려다 줄지도 몰라.'

　하지만 배를 타고 강물을 따라가면서 사람이 사는 집은 하나도 나타나지 않았어요. 혹시 카이가 지나가는 걸 봤느냐고 물어볼 사람 하나 만나지 못했지요. 꽤 오랜 시간이 지나서야 이상하게 생긴 집이 나타났어요.

　"여보세요! 여보세요!"

　그러자 몹시 늙었는데 꽃 그림이 잔뜩 그려진 모자를 쓴 노파가 나와서, 지팡이로 배를 강기슭으로 끌어당겼어요.

　"가엾기도 하지. 물살이 센데 어떻게 이렇게

멀리까지 왔니?"

노파의 물음에 게르다는 카이 이야기를 하며, 카이를 못 보았느냐고 물었어요.

"보지 못했다만, 혹시 이리로 올지도 모르겠구나. 그러니 너무 슬퍼 말고 버찌를 먹고 꽃구경을 하고 있어봐라."

게르다는 노파를 따라 이상한 집으로 들어갔어요. 게르다가 버찌를 먹는 동안, 노파가 금빗으로 게르다의 머리를 빗겨주었어요. 노파가 빗질을 하면 할수록 게르다는 기억을 잃어갔어요.

노파는 요술쟁이였던 거예요. 나쁜 요술쟁이는 아니었지만, 너무 외롭다 보니 게르다를 곁에 두려고 요술을 부린 거지요.

게르다는 노파네 집에 살면서 온갖 종류의 꽃들이 아름답게 핀 정원을 쏘다녔어요. 게르다는 이렇게 말하곤 했어요.

"뭔가 허전해. 무슨 꽃이 빠져 있는 것 같아. 그게 뭘까?"

아무리 그 꽃을 생각해보려고 해도 기억이 나질 않았어요. 그 꽃은 장미꽃이었어요. 노파는 게르다가 옛날 생각을 하지 못하도록, 요술을 부려 장미꽃들을 땅속에 묻어버린 거예요.

어느 날 게르다는 놀라운 걸 발견했어요. 노파의 모자에 그려진 꽃 그림 속에서 장미꽃을 찾아낸 거예요.

"맞아, 장미꽃이 없어."

게르다는 넓은 정원을 뛰어다니며 장미꽃을 찾았지만, 어디에도 없었지요. 게르다는 주저앉아서 엉엉 울고 말았어요. 게르다의 따뜻한 눈물이 장미가 피었던 땅을 적셨어요.

그러자 그 자리에서 장미가 쑥쑥 자라났어요. 게르다가 그 장미꽃에 입을 맞추는 순간, 잊었던 카이 생각이 떠올랐어요.

"세상에! 내가 어떻게 카이를 잊은 거지? 아, 너무 시간이 오래 지났어. 꽃들아, 카이는 어디에 있는 거니? 혹시 카이가 죽은 건 아니지?"

장미꽃이 말해주었어요.

"죽지 않았어. 니가 땅속에 있었잖아. 거긴 죽은 사람들이 모였는데 카이는 없었어."

게르다는 장미꽃에게 고맙다는 인사를 남기고 정원 밖으로 나왔어요. 세상은 가을이었어요. 요술쟁이의 정원은 사계절의 꽃이 다 피어 있어서, 시간이 흐르는 것을 알 수 없었던 거예요.

카이를 찾아 헤매는 동안 겨울이 되었어요. 아

픈 다리를 주무르며 쉬는 게르다 앞에 까마귀 한 마리가 다가왔어요.

"까마귀야, 혹시 카이를 본 적이 있니?"

"본 것 같아. 그 애가 카이일지도 몰라."

게르다는 기쁜 나머지 까마귀가 숨이 막히도록 꽉 껴안았어요. 게르다는 까마귀를 따라 어느 여왕의 성으로 갔어요. 까마귀 말을 들어보면 그 여왕에게 지혜를 구하러 온 소년은 카이가 분명했으니까요.

밤길을 달려간 까마귀와 게르다는 살짝 열린 성의 뒷문으로 들어갔어요. 게르다의 가슴은 두려움과 그리움으로 두방망이질이었어요.

'날 보면 반가워할 거야. 자기를 찾아서 이 먼 곳까지 온 걸 알면 감격할걸?'

게르다는 카이가 자고 있다는 방으로 들어갔어요. 크고 하얀 침대는 여왕이 자고 있었고, 빨간 침대는 어떤 사람이 자고 있었어요. 그 사람의 목덜미를 보니 카이가 분명했어요.

게르다는 큰 소리로 카이를 부르며 등불을 갖다 대었어요. 침대에 누워 있던 사람이 눈을 뜨며 일어났는데, 아, 카이가 아니었어요.

소동이 벌어지자 여왕까지 잠에서 깨고 말았지요. 게르다는 자기가 왜 여기까지 오게 되었는지 모두 이야기를 했어요. 마음씨 착한 여왕은 게르다를 자기 궁궐에 머물면서 푹 쉬라고 했어요.

"아니에요. 빨리 카이를 찾고 싶어요. 마차 한 대와 장화 한 켤레만 있으면 좋겠어요."

게르다의 마음을 잘 이해한 여왕은 부탁을 들어주었어요. 하지만 다시 여행에 나선 게르다는, 그리 멀리 가지 못하고 도둑들에게 붙잡히고 말았어요.

도둑들은 마차를 빼앗는 것에서 끝나지 않았어요. 게르다를 향해 칼을 내리쳤지요. 그때 도둑의 딸이,

"안 돼. 난 저 아이랑 놀 거야."

하며 칼을 내리치는 자기 엄마 귀를 물어버렸어요. 도둑의 딸은 게르다가 마음에 들었던 거예요.

도둑의 딸은 게르다를 도둑의 성으로 데려갔어요. 엄청나게 크지만 이리저리 금이 쩍쩍 갈라진 성이었어요. 거기서 도둑의 딸은 자기가 키우는 산비둘기와 순록을 소개해주었지요. 그러면서 왜 혼자 여행을 하느냐고 물었어요.

게르다는 그동안 있었던 일을 모두 이야기해 주었지요. 그 이야기를 도둑의 딸은 물론, 딸이 키우는 산비둘기랑 순록도 듣고 있었어요. 산비둘기들이 말했어요.

"구구구구. 우리는 카이를 보았어. 눈의 여왕의 마차를 타고 있더라."

"뭐라고? 눈의 여왕? 눈의 여왕이 어디에 살지?"

"라플란드야. 거긴 북유럽의 끝이지. 항상 눈과 얼음으로 덮여 있어. 저기 순록한테 물어봐."

순록은 라플란드에 대해서 자세히 말해주었어요. 그곳은 순록이 태어나서 자랐던 곳이니까요.

"오, 카이, 카이야!"

게르다는 한숨을 쉬며 말했어요. 그러자 도둑의 딸이 순록에게 말했어요.

"널 풀어줄 테니까 라플란드로 가. 이 아이를 눈의 여왕 성으로 데려가 주란 말이야."

그러면서 장화와 장갑도 주고, 가면서 먹을 햄과 빵까지 주었어요.

게르다를 태운 순록은 밤낮을 쉬지 않고 달렸어요. 아껴 먹던 빵과 햄이 다 떨어지고 말았을 때, 다행히 라플란드에 도착했지요. 신비스러운 북극광이 빛나는 곳이었어요.

순록은 게르다를 어느 핀란드 여자에게 데려다 주었어요. 그 집은 너무나 더워서, 게르다는 장갑과 장화는 물른, 옷까지 벗었어요.

순록이 핀란드 여자를 구석으로 데리고 가서 말했어요.

"게르다가 눈의 여왕을 이길 수 있게 해주세요."

"카이가 눈의 여왕과 함께 있는 건 사실이야. 하지만 거기서 아무런 부족함 없이 행복하게 살고 있지. 그 애 가슴과 눈에 거울 조각이 박혀 있어서지. 그 조각을 꺼내지 않으면, 그 애는 다시 사람이 될 수 없어. 계속 눈의 여왕 지배를 받으며 살지."

"그러니까 게르다가 눈의 여왕을 물리치게 힘을 주라는 거예요."

"게르다가 가진 힘보다 더한 것은 없어. 사람이건 짐승이건 그 아이를 만나기만 하면 도와주잖니. 게르다의 맑고 순수한 마음이 그렇게 만드는 거야. 카이한테서 거울 조각을 빼낼 수 있는 건 게르다뿐이야. 어서 저 애를 눈의 여왕의 성으로 데려다 주거라."

게르다를 태운 순록은 전속력으로 달려갔어요. 살을 에는 듯한 추위가 살갗으로 파고들 때서야, 게르다는 장화와 장갑을 놓고 온 것이 생각났지요. 하지만 돌아가기에는 너무 늦었어요.

눈의 여왕 정원이 시작되는 곳에서 게르다 혼자 남게 되었어요. 신발도 장갑도 없이, 얼음으로 뒤덮인 춥고 황량한 핀란드 한복판이었지요.

게르다는 있는 힘을 다해 앞으로 달려나갔어요. 그러자 커다란 눈송이들이 게르다 주위로 쏟아졌어요. 그건 눈의 여왕 호위병들이었어요. 무섭게 생긴 것들, 징그럽게 생긴 것들이었어요.

게르다는 주기도문을 외우고 또 외웠어요. 너무나 추워서 말을 할 때마다 입김이 연기처럼 모락모락 새어나왔어요. 입김은 점점 커져 땅에 닿더니 작은 천사가 되었어요. 천사들은 점점 늘어났지요. 이 천사들이 여왕의 호위병들을 무찔렀어요.

한편, 카이는 게르다를 잊고 지냈어요. 지금 성 밖에 게르다가 와 있다는 것은 상상도 못했어요.

여왕의 성에 있는 넓은 홀에는 호수가 있었어요. 꽁꽁 얼어붙은 수면은 수천 개의 금이 갈라져 있었지요. 눈의 여왕은 어디론가 떠나버리고 카이 혼자 그 위에 있었어요. 온몸이 멍이 든 것처럼 검푸르게 변한 채였지요. 그러나 여왕의 입맞춤으로 심장이 차가운 얼음 덩어리로 변해서 추위를 전혀 느끼지 못하고 있었어요.

카이는 얼어붙은 호수 위에서 얼음조각으로 무슨 글자를 맞춰보려고 했어요. '영원'이라는 글자였지요. 그 글자를 맞추면 카이는 자유의 몸이 될 수 있었어요. 카이는 다른 글자는 모두 맞출 수 있었지만, 그 글자만은 맞출 수가 없었어요.

그 시간에 게르다는 거대한 성문을 지났어요. 그리고 마침내 카이가 있는 홀에 도착했어요. 카이가 보이자 게르다는 곧장 카이에게 달려갔어요.

"카이야, 카이야! 보고 싶었어."

카이는 꼼짝하지 않고 뻣뻣하게 앉아 있었어요. 게르다는 울음을 터트리고 말았어요. 게르다의 뜨거운 눈물이 카이의 가슴에 떨어지더니 심장으로 파고들었어요. 눈물이 얼음 덩어리를 녹였고, 얼음과 함께 작은 거울 조각도 씻겨 내렸지요.

카이는 꿈에서 깨어난 듯 게르다를 바라보았

어요. 게르다는 그런 카이에게 함께 부르곤 했던 노래를 불러주었어요.

이번엔 카이가 울음을 터트렸어요. 그러자 눈에 있던 거울 조각이 씻겨 내려갔어요.

"게르다, 얼마나 보고 싶었는지 알아? 그동안 어디 있었어? 여긴 어디지? 너무 춥다."

게르다는 카이의 뺨에 입을 맞추었어요. 그러자 카이의 뺨이 다시 발그레해졌지요. 예전처럼 건강하고 씩씩해진 거였어요. 어느새 영원이라는 글자가 맞춰져 있었어요.

두 아이는 손을 잡고 거대한 성을 빠져나왔어요. 정원 끝에 이르자 순록이 두 아이를 기다리고 있었어요.

긴 여행을 끝내고 집으로 돌아온 두 아이는 계단을 뛰어올라 할머니 방으로 들어갔지요. 모든 것이 옛날과 똑같았어요.

하지만 카이와 게르다는 자기들이 달라진 것을 느낄 수 있었어요. 의젓한 청년과 아름다운 아가씨가 된 것이에요.

[눈의 여왕]

북극 탐험의 신비

눈의 여왕이 사는 북극은 춥고 황량하다지만 어쩐지 한 번쯤은 그곳으로 여행을 하고 싶다는 생각이 들지 않니? 인간의 위대한 점은 방안에 앉아서 온 우주를 생각하는 거잖아. 자, 그럼 우리도 내 마음속의 북극 여행을 떠나볼까?

아름다운 이야기라고 생각하지 않니? 우리 친구들이 어른이 되었을 때도 이 이야기의 주인공들처럼 순수한 마음을 가졌으면 해. 만약 친구가 어려움에 빠졌을 때, 나의 모든 것을 다 던져서 그를 구하러 갈 수 있을까? 반대로 내가 어려움에 빠졌을 때 나를 구하러 올 친구가 있을까? 내가 나의 모든 것을 던져서 아껴줄 수 있고, 또 나를 그렇게 아껴줄 수 있는 친구가 한 명이라도 있다면 이미 그 친구는 성공한 삶을 사는 사람일 거야.

그런데 카이가 눈의 여왕을 따라서 간 북극은 춥고 황량하다지만 어쩐지 한 번쯤은 그곳으로 여행을 하고 싶다는 생각이 들지 않니?

인간의 위대한 점은 방안에 앉아서 온 우주를 생각하는 거잖아. 자, 그럼 우리도 내 마음속의 북극 여행을 떠나볼까?

먼저 북극 여행을 하려면 탈것을 생각해야겠지. 스노모빌을 타고 갈 수도 있고 비행기나 잠수함을 타고 갈 수도 있겠지만, 게르다와 오래전 북극 탐험에 성공한 사람들처럼 썰매를 끌고 가보자. 썰매를 끌려면 어떤 동물에게 부탁하는 것이 좋을까? 게르다처럼 순록에게 부탁할까? 아니야, 개에게 부탁해보자. 개가 더 좋다고들 하니까.

특히, 시베리안 허스키는 썰매를 끌 만큼 힘이 좋고, 추위를 잘 타지 않으며, 강인한 생명력을 지니고 있어서 극지 탐험의 동반자로 사랑받았대. 1907년 영국의 탐험가 섀클턴은 남극 원정에서 개 대신 조랑말을 짐꾼으로 썼지. 그는 짐을 끄는 능력과 먹이의 양을 고려해서 조랑말이 더 낫겠다고 생각했거든.

● 시베리안 허스키는 시베리아에서 처크치 사람들이 기르는 사역견 품종으로 썰매개·애완견·경비견 등으로 쓰인다. 1909년 썰매개 경주에 사용할 목적으로 알래스카에 들여갔으며, 곧 어떤 개에도 지지 않는 개라는 명성을 얻게 되었다.

그러나 그의 계산은 불행히도 빗나가고 말았어. 조랑말은 무거운 편이어서 깊이 쌓인 눈 속에 빠지기 쉽고, 무엇보다도 눈보라가 치면 땀이 얼어붙어 몹시 고통스러워했거든. 반면에 개는 땀을 흘리지 않아 영하 40도에서도 끄떡없이 지내며 바깥에서 잠을 잤지. 결국, 섀클턴의 원정은 준비한 10마리의 조랑말 중에서 6마리가 출발도 하기 전에 죽었고, 1910년 스콧의 원정 때도 조랑말이 동원됐으나 별 효과를 거두지 못했어. 반면에 1911년 인류 사상 최초로 남극점에 도달한 아문센의 성공에는 개의 도움이 절대적이었지. 아문센의 탐험대는 12마리의 개가 끄는 썰매로 매일 24킬로미터를 행군해서 극점 정복에 성공했거든.

그럼 이번에는 무엇을 입고 갈지를 생각해보자. 영하 50도 이하로 떨어지는 북극지방을 여행하려면 옷차림이 매우 중요해. 이전에는 북극처럼 추운 곳에서 인공섬유는 견디지 못하고 자연섬유인 솜, 늑대 가죽, 곰 가죽 등만 견딜 수 있었어. 특히 순록과 북극곰 가죽은 유용했지. 그래서 옛날부터 에스키모인은 곰 가죽으로 방한복을 만들고, 해마 기름으로 불을 밝혔어. 또 시베리아의 극지방에 사는 사람들은 순록 모피로 만든 옷을 입었지. 1903년 아문센은 에스키모인과 겨울을 보내면서 칼과 바늘을 순록 모피 옷으로 교환했어. 그는 유럽에서 가장 따뜻한 옷보다 순록 모피 옷이 더 따뜻하다는 것을 알았거든.

그러나 요즘은 고어텍스 소재의 옷을 입는단다. 고어텍스에는 미세한 구멍이 뚫려 있는데, 이 구멍은 수증기 입자보다는 2만 배 이상 크고 물방울 입자보다는 700배 이상 작아서, 외부의 빗물이나 물방울은 막아주고 몸에서 증발되는 땀은 밖으로 배출해주거든. 그 때문에 고어텍스 소재의 옷을 입고 물에 빠졌더라도 빨리 건져 올려 옷을 벗기면 물이 거의 스며들지 않아 동상은 피할 수 있어.

● **고어텍스**
외부의 비바람을 막아 체온을 유지해주고, 몸에서 나는 땀은 밖으로 배출해주는 새로운 방수가공품이다. 원래는 미국 항공우주국에서 우주복 재료로 개발한 것이라, 영하 150도에서 영상 180도까지의 극한 환경에서도 끄떡없다.

흔히 사람들은 추운 겨울에 두꺼운 옷을 입지만, 사실 두꺼운 옷 한 벌보다는 얇은 옷을 여러 벌 껴입는 편이 낫단다. 두꺼운 옷을 한 벌만 입으면 옷을 통해 몸의 열이 외부의 찬 공기로 흘러가고, 외부의 찬 공기는 옷에 닿아 계속해서 몸의 열을 뺏거든. 그러나 얇은 옷을 여러 개 껴입으면 옷의 층과 층 사이에 공기층이 생겨 열이 밖으로 잘 빠져나가지 않는단다. 그래서 내부의 체온이 밖으로 빠져나가지 않고 오랫동안 보존될 수 있는 거지.

겨울 점퍼나 이불에 거위의 앞가슴 털이 많이 사용되는 것도 같은 이유란다. 거위의 앞가슴 털은 작은 솜털로 이루어져 솜털 사이사이에 공기를 많이 머금을 수 있거든. 이것을 이용해 옷이나 이불을 만들면 솜털 사이에 공기층이 형성돼 열의 이동을 어렵게 할 수 있으니까. 그래서 아무리 추운 날에도 이것을 입고 있으면 체온을 뺏기지 않아 따뜻함을 유지할 수 있단다.

이제 여행에 필요한 것은 챙겼으니, 북극에 대해 알아볼까?

우선 북극에서는 우리나라에서 볼 때처럼 별이 떴다 지는 게 아니라, 머리 꼭대기를 중심으로 같은 높이로 회전하는 것을 볼 수 있어. 밤하늘의 별들이 회전하는 중심 바로 옆에 별이 하나 있는데, 이 별을 북극성이라고 하지. 북극성을 찾으려면 북두칠성부터 찾아야 해. 보통 우리나라에서는 국자 같다고 하고, 서양에서는 수레를 닮았다고들 하지. 우리는 국자 모양이라고 생각하자.

● **다운재킷**
옷감 사이에 오리털을 넣어 만든 점퍼 스타일의 재킷으로, 여기서 '다운'은 오리털을 말한다. 특히 오리의 앞가슴 털은 적은 양의 털로 많은 공기를 머금기 때문에 가벼우면서 따뜻하여 겨울철 방한용 옷에 많이 사용된다.

● 북두칠성은 큰곰자리의 꼬리에 해당하는 7개의 별을 통틀어 일컫는 말로 국자 모양과 비슷하다. 7개의 별 모두 2등 내외의 밝은 별이고, 예로부터 항해를 할 때 길잡이가 되었다. 한국과 중국에서는 인간의 수명을 관장하는 별자리로 여겼다.

북두칠성은 자기가 서 있는 곳에서 대략 북쪽 하늘로 생각되는 곳을 보아야 찾을 수 있어. 북쪽의 정확한 방향은 몰라도 국자 모양만 찾으면 되니까 쉽게 찾을 수 있을 거야.

북두칠성을 찾았다면 국자 끝에 있는 두 별을 이어서 그릇 안쪽으로 연장해보자. 그러면 다섯 배 정도 거리에서 밝은 별을 발견할 수 있을 거야. 이 별이 바로 천구(天하늘-천 毬공-구)의 북극을 나타내는 북극성이야.

북극에서는 별만 그렇게 보이는 것이 아니란다. 태양도 지지 않고 같은 높이로 동서남북으로 돌아. 그래서 여름에는 태양이 종일 지지 않아 한밤중에도 볼 수 있지. 반대로 겨울에는 해가 뜨지 않아 종일 깜깜한 채로 보내야 해. 이렇게 여름철에 대낮과 같이 환한 밤을 백야(白흰-백 夜밤-야)라고 하는데, 북극뿐만 아니라 노르웨이처럼 북극 근처에서는 백야를 볼 수 있어.

한편, 북극지방에서는 다른 곳에서는 볼 수 없는 특별한 장관을 볼 수 있단다. 북극 여행을 가는 도중에 우리도 게르다가 묵었던 핀란드 여자의 오두막집에 묵었다고 상상해볼까? 창문 너머로 무엇인가 빛의 어른거림이 느껴져 창문을 열었다고 말이야. 아련히 빛나는 눈길 위로 하늘에는 오색찬란한 오로라가 수놓아져 있을 거야. 마치 에스키모인과의 파티를 끝내고 하늘로 되돌아가는 천사의 뒷모습 같기도 하고, 녹색 커튼 같기도 한 오로라가 말이야. 오로라는 녹색과 붉은색이 살짝 뒤섞여 신비로운 모습을 연출한단다.

사실, 오로라의 색은 전기를 띤 알갱이에 공기가 충돌하면서 빛을 내는 현상이야. 더 자세히 설명하자면, 지구 둘레에는 전기를 띤 알갱이들이 모여 있는 영역이 있어. 이 알갱이들은 주로 태양에서 온 것인데, 이러한 알갱이의 흐름을 태양풍이라고 하지. 아무튼 전기를 띤 알갱이 대부분은 지구에 도달하지 못하고, 지구자기의 영향으로 어느 한 영역에 붙잡혀 빙글빙글 돌면서 남극과 북극 사이를 왔다 갔다 반복하지. 또 남극과 북극 근처에서는 공기가 있는 곳까지 내려오게 되고 말이야. 이때 전기를 띤 알갱이와 공기가 충돌해서 공기가 빛을 내면, 이것이 바로 오로라야.

오로라는 전기를 띤 알갱이가 산소와 충돌하면 주로 초록색과 붉은색을 내고, 질소와 충돌하면 파란색과 붉은색 빛을 내는데, 높이에 따라 내는 빛의 색깔이 달라진단다. 황록색, 붉은색, 황색, 오렌지색, 푸른색, 보라색, 흰색 등이 있으며, 또 전기를 띤 입자가 거의 같은 위도에서 공기와 충돌하여 오로라가 만들어지기 때문에 오로라는 대부분 동서로 긴 커튼 모양으로 생긴단다. 그리고 대부분 90~150킬로미터 고도의 범위에 있으나, 드물게 1,000킬로미터 이상까지 나타나기도 한단다. 하늘에 길게 거대한 커튼이 드리워진 모습은 장관이지.

● **태양 흑점**
태양 표면에 기체의 소용돌이로 생각되는 검은 점을 말한다. 이것은 태양의 활동도와 밀접한 관계가 있어서 활동이 활발할 경우에는 많이 보인다.

하지만 이 아름다운 오로라를 어디에서나 관찰할 수 있는 것은 아니야. 주로 위도 60~80도의 고위도 지역에서 발생하기 때문에 우리나라와 같이 위도가 낮은 지역에서는 보기가 어렵지.

그러나 태양의 흑점 활동이 더 활발해질 때는 태양풍이 더 강하게 불게 되고, 그래서 오로라도 더 밝아질 뿐 아니라 더 자주 볼 수 있게 되지. 심지어 우리나라에서도 오로라를 관찰할 수 있어. 한 예로 2003년 10월 30일 새벽 3시 40분경에는 경상북도 영천에 있는 보현산 천문대에서 오로라를 사진으로 찍는 데 성공한 적이 있었단다. 같은 시기에 미국 북부나 캐나다, 일본의 홋카이도 등지에서도 오로라를 관측했다는 보고가 잇따랐다고 해. 태양의 활발한 흑점 활동 때문에 지구 자기가 영향을 받아, 평소에는 잘 볼 수 없었던 지역에서도 오로라를 볼 수 있었던 거지. 대개 흑점 활동은 11년 간격으로 활발해지는데, 흑점 활동이 활발해지면 통신에 장애가 생기고 전기 공급에 영향을 주기도 해. 또 인공위성의 고장 원인이 되기도 하고 말이야.

이러한 예는 우리나라 문헌에도 기록으로 남아 있어. 고려시대부터 조선시대까지 오로라를 보았다는 기록이 여러 차례 나오거든. 그렇다면 요즘은 보기 어려운 오로라를 고려시대에 유독 자주 볼 수 있었던 이유는 무엇일까? 가장 그럴듯한 설명은 현재 캐나다 북부에 있는 지자기 북극점이 예전에는 한반도 가까이에 존

● **붉은 깃발 오로라**
우리나라 문헌에는 오로라를 일컫는 단어가 여러 개 있는데, 이 중에서 가장 많이 쓰인 단어가 적기(赤붉을-적 旗기-기)이다.

재했다는 설이야. 그 때문에 한반도가 지자기 측면에서는 고위도 지역이 돼 우리 조상은 근사한 오로라를 볼 기회가 많았을지도 몰라. 현재도 지자기 북극점은 매년 평균 약 40킬로미터씩 움직이고 있어. 1970년 이전의 속도에 비해 이동 속도가 빨라져서, 현재와 같은 속도라면 약 50년 후에는 시베리아 북쪽으로 지자기 북극점이 이동할 거야.

몇몇 과학자들은 지구 자기장과 관련된 여러 관측 결과가 지자기의 북극과 남극이 바뀌는 현상인 '지자기 역전'의 조짐이라고 생각하고 있어. 지자기가 역전된다는 것은 극성의 세기가 점차로 줄어 반대 극성으로 바뀌는 현상을 말해. 영국 지질조사팀의 데이비드 케리지 박사는 지구 자기장의 세기가 100년에 5퍼센트 정도 감소한다는 점을 발견했다고 주장하고 있어. 자기장 세기의 이런 감소는 곧 지자기 역전이 시작되고 있음을 알려주는 증거라는 얘기지. 그렇다면 영화 〈코어〉의 이야기가 미래에 현실화될 수도 있는 것일까?

자, 거대한 자석 얘기는 이쯤 해두고, 이제 다른 이야기를 하나만 더 해볼까? 북극 이야기에서 빙하와 빙산이 빠질 수는 없지. 빙하(氷얼음-빙河강-하)는 극지방뿐 아니라 히말라야나 알프스와 같이 눈으로 덮인 높은 산에도 많이 생긴단다. 남극에서는 빙하가 허안으로 내려와서도 끊어지지 않고 해안 근처의 얕은 바다를 덮은 것

● **지자기**
지구가 가진 자석으로서의 성질을 말하며 '지구 자기'라고도 한다. 지자기가 영향을 미치는 영역을 '지구 자기장' 또는 '지자기장'이라고 한다.

● **지자기 북극점**
현재 지자기 북극점은 북위 78도 30분, 서경 69도인 그린란드 북서쪽과 엘스미어 섬 사이의 바다에 있다.

● 빙하는 땅에 쌓인 눈이 점차 두꺼워져 얼음이 되고, 이 얼음이 서서히 아래쪽으로 이동하는, 글자 그대로 '얼음의 강'이다.

● 빙산은 빙하에서 떨어져 나와 호수나 바다에 흘러 다니는 얼음 덩어리로, 주로 남극 대륙, 북극권 제도, 그린란드의 빙하 지역에 형성된다.

을 쉽게 볼 수 있는데, 이 얼음을 빙붕(氷얼음-빙棚사다리-붕)이라고 해. 남극 해안 3분의 1이 빙붕으로 돼 있는데, 그 두께는 평균 200~900미터 정도야.

또 북극이나 남극지방의 바다에는 빙산이라고 하는 거대한 얼음 덩어리가 떠 있어. 북극 빙산은 뾰족하거나 불규칙한 모양인데 비해 남극 빙산은 넓은 빙붕에서 떨어져 나왔기 때문에 탁자처럼 윗면이 평평한 탁상형이야. 그러다 시간이 지나면 점점 바닷물과 맞닿는 부분이 녹아서 잠수함이나 고래처럼 다양한 모양으로 변한단다.

빙산을 이루는 얼음은 사실 아주 크지만, 작은 부분만 물 위로 튀어나와 있는 형태야. 같은 크기를 놓고 비교해보면 얼음의 무게가 물의 90퍼센트 정도로 큰 차이가 없어서, 얼음이 물속에서 뜨기는 해도 물 위에는 전체의 11분의 1밖에 떠오르지 않아. 그러니 겉보기에 작은 빙산이라도 물속에 잠긴 부분은 꽤 크단다. 그래서 빙산의 일각(一한-일角뿔-각)이라는 말도 생겼지. 이 말은 보통 대부분이 숨겨져 있고 바깥으로 드러나 있는 것은 극히 일부분에 지나지 않을 때를 비유할 때 쓰곤 해.

보통 액체는 온도가 높아지면 부피가 팽창해. 하지만 물은 좀 특별해서, 어는점인 0도에서 온도가 높아지면 부피가 줄어들다가 4도가 지나면 다시 늘어난단다. 반대로 온도가 4도보다 낮으면 부피가 늘어나다가 얼음이 되면 부피가 갑자기 커지기 때문에 얼음은 물 위에 뜨게 된단다. 왜 물에서만 이런 일이 일어날까?

물 분자는 액체상태일 때 제멋대로 자유롭게 움직이지만, 온도가 낮아지면 물 분자들끼리 모여서 육각형 모양으로 합쳐지는 성질이 있어. 그래서 자유롭게 움직이는 액체상태보다 육각형을 이룬 얼음이 더 넓은 공간을 차지하게 되는 거란다.

이러한 물의 성질이 자연에 미치는 영향은 매우 크다고 할 수 있어. 만약 대부분 액체처럼 온도가 낮을수록 부피가 작아져서 0도에서 가장 무거워진다면 가장 찬 물이 호수 바닥으로 가라앉아 호수가 바닥부터 얼기 시작할 거야. 그러면 호수에 사는 생물이 무사히 겨울을 나긴 어렵겠지. 하지만 다행스럽게도 가장 두꺼운 4도의 물이 먼저 호수의 바닥에 가라앉고 얼음은 오히려 가벼워서 물 위로 떠오르게 되어 있어. 따라서 매우 추운 겨울날이라 해도 얼음의 두께는 두꺼워지지만 물 아래는 얼음이 열을 잘 전달하지 않기 때문에 깊은 곳까지는 얼지 않는단다.

어쩌면 카이의 마음도 이렇지 않았을까? 눈의 여왕 때문에 마음이 얼어붙긴 했지만 차가운 마음 아래에는 게르다와 함께 놀던 어린 시절의 따뜻한 마음을 가지고 있었던 게 아닐까? 게르다는 그 거울 조각을 깨서 따뜻한 마음을 꺼낸 거고 말이야. 우리도 살다 보면 때때로 얼음처럼 마음이 얼어붙을 때가 있단다. 하지만

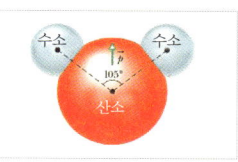

● 물은 산소와 수소가 합쳐져서 만들어진 것으로 물 분자 1개는 그림과 같은 모양이 된다.

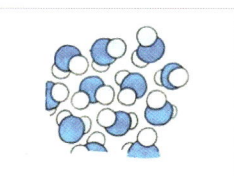

● 액체 상태인 물의 분자 모양.

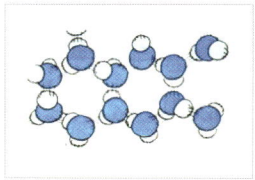

● 고체 상태인 얼음의 분자 모양.

걱정할 건 없어. 그 아래에는 따뜻한 마음이 있고, 그것까지 얼어붙진 않을 테니까 말이야. 혹 마음 깊숙이 얼어붙었다 해도 카이가 그랬던 것처럼, 곧 따뜻한 마음이 얼음 같은 마음을 깨고 나올 테니까.

# 영화 <코어> 이야기

도시 하늘을 날아다니던 수천 마리의 비둘기 떼가 이리저리 방향을 잃고 벽이나 창문, 또는 차창에 부딪힌 후 피투성이가 돼 떨어진다. 일부 사람들은 심장박동기가 더는 작동하지 않아 이내 죽고 만다. 차량의 전자장치가 모두 먹통이 된 탓에 시내 한복판에서는 차량이 잇따라 충돌하고, 강한 자외선으로 미국 샌프란시스코의 금문교가 녹아내리며, 이탈리아 로마의 콜로세움이 벼락을 맞아 무너진다.

2003년에 개봉한 영화 <코어>의 한 장면이다. 무엇 때문에 하루아침에 이런 아비규환이 됐을까. 영화에서는 지구의 자기장이 사라진 결과라고 말한다. 그렇다면 영화에서 벌어진 끔찍한 상황이 과연 현실이 될 수 있을까. 혹시 영화 속 가상현실이 현실화되는 것은 아닐까?

SF영화는 흥미를 더하기 위한 과장과 비약으로 곳곳에 과학적 오류가 많다. 그럼에도 그 안에는 그냥 지나칠 수만은 없는 과학이 숨어있다. 영화 <코어>에 나오듯이 우리가 평소에 존재조차 느낄 수 없는 자기장은 지구에 사는 인간의 생활에 알게 모르게 도움을 주고, 제대로 인식하지 못했던 여러 가지 위험으로부터 우리를 보호해준다.

그런데 만약, 영화에서처럼 자기장이 사라지면 비둘기 떼가 방향을 잃고 아무 데나 부딪쳐 죽게 될까? 비둘기의 떼죽음은 다소 과장된 면이 있지만, 그렇다고 전혀 근거 없는 이야기는 아니다. 귀소본능이 강한 비둘기는 자기 감각이 있다. 한 연구 결과에 따르면 비둘기는 머리뼈와 뇌의 경막 사이에 자석과 같은 물질이 존재해 지구 자기장을 따라 방향을 결정한다고 한다. 이를 증명하듯이 비둘기가 지구 자기장을 감지하지 못하도록 몸에 자석을 붙였을 때 원래의 목적지로 돌아가지 못한다는 실험 결과가 있다.

지구 자기장이 사라지면 태양에서 오는 큰 에너지를 가진 입자 때문에 사람과 동물, 전자기기가 피해를 볼 수 있다. 화성 탐사를 그렸던 SF영화 <레드 플래닛>에서는 태양에서 나온 큰 에너지 입자가 탐사선에 심각한 영향을 미치는 장면이 나오는데, 실제로 지구 근처에서도 태양에서 온 큰 에너지 입자 때문에 많은 인공위성이 오작동을 일으키고 내부에 실린 기계가 고장 났었다.

그림자

추운 나라에 살던 어느 학자가 더운 나라로 여행을 갔어요. 자유롭게 돌아다니려고 했지만, 너무 더워서 그렇게 할 수가 없었어요. 젊고 똑똑했지만 찜통 같은 더위는 어쩌지를 못했어요. 더위에 지친 채 날이 갈수록 말라서 뼈만 앙상하게 남았어요.

그의 그림자도 덩달아 쪼그라들었지요. 한낮에는 태양이 그림자를 데려가 버린 것처럼 보이지 않았어요. 그림자는 저녁이 되어야 슬그머니 나타나서는 빛이 방으로 들어오면 벽 위로 길게 몸을 늘어뜨렸지요.

더운 나라의 거리는 해가 진 다음에야 생동감이 흘렀어요. 사람들이 거리로 쏟아져 나오고, 촛불 아래서 이야기와 노랫소리가 높아갔지요.

그런데 학자가 사는 집 건너편 집만은 아주 조용했어요. 그 집 발코니의 꽃들이 아주 아름다운 걸 봐서는 사람 사는 집이 분명했어요. 사람이 없다면 꽃들이 그렇게 아름답게 피어나진 못하니까요. 하지만 사람 모습은 한 번도 보이지 않았지요.

딱 한 번은 보았지요. 어느 날 밤, 학자는 한밤중에 눈을 떴어요. 그런데 커튼 사이로 건너편 집 발코니에서 쏟아져 나오는 빛이 보였어요. 그 날 밤은 발코니의 꽃들이 화려한 불꽃으로 타올랐어요. 그 한가운데에는 호리호리하고 아름다운 처녀가 서 있었어요. 눈부신 빛은 바로 그 처녀에게서 나오는 것 같았죠.

학자는 건너편 집을 살피려고 커튼 뒤로 몸을 숨겼어요. 하지만 그 사이에 처녀는 벌써 사라지고 없었어요. 그때부터 그 처녀에 대한 궁금증이 커졌어요.

며칠 뒤 저녁, 학자는 발코니에 앉아 있었고, 방에서 나오는 불빛으로 학자의 그림자는 건너편 집 벽에 드리워졌지요. 그걸 보며 학자가 농담삼아 말했어요.

"건너편 집에서 살아 있는 건 내 그림자뿐이네. 그림자야, 문이 열려 있으니 살짝 들어가서 살펴본 다음 내게 이야기를 해다오. 그래야 쓸모가 있지."

그리고 학자는 고개를 끄덕였어요. 자연히 그림자도 고개를 끄덕였지요.

"어서 들어가 봐!"

그렇게 말하고 학자가 일어서자, 건너편 발코니에 있는 그림자도 일어섰어요. 학자가 몸을 돌리자 그림자도 몸을 돌렸지요. 학자는 자기 방으로 들어왔어요. 그러나 그림자는 건너편 집 방 안으로 들어가고 말았어요. 그 뒤로 학자의 그림자는 다시 나타나지 않았어요.

따뜻한 나라에서는 모든 게 빨리 자라요. 일주일 뒤 학자가 햇빛을 받으며 걷는데, 반갑게도 새 그림자가 발밑에서 자라나고 있었어요. 삼주일 후에는 상당히 자라 있었지요. 그 뒤 학자는 북쪽 고향으로 돌아왔고 책을 쓰며 지냈지요.

여러 해가 지났어요. 어느 날 저녁, 누군가 학자의 방문을 두드렸어요.

"들어오세요."

학자가 말했지만 아무런 기척이 없어서, 학자가 직접 문을 열었어요. 문 앞에는 아주 비쩍 마른 남자가 서 있었어요. 옷을 잘 차려입은 신사였어요.

"실례되지만 누구신가요?"

학자가 묻자 그 신사가 대답했어요.

"알아보실 줄 알았는데 섭섭하군요. 당신의 옛 그림자를 모르시겠어요? 내가 다시 오리라고는 생각 못하셨군요. 당신을 떠나고 나서 난 아주 잘 지냈는데."

"대체 무슨 일이 일어난 거지?"

"난 어릴 때부터 당신만 따라다녔죠. 그랬다가 내가 혼자서 세상을 돌아다녀도 될 만큼 자랐다는 생각이 들자,

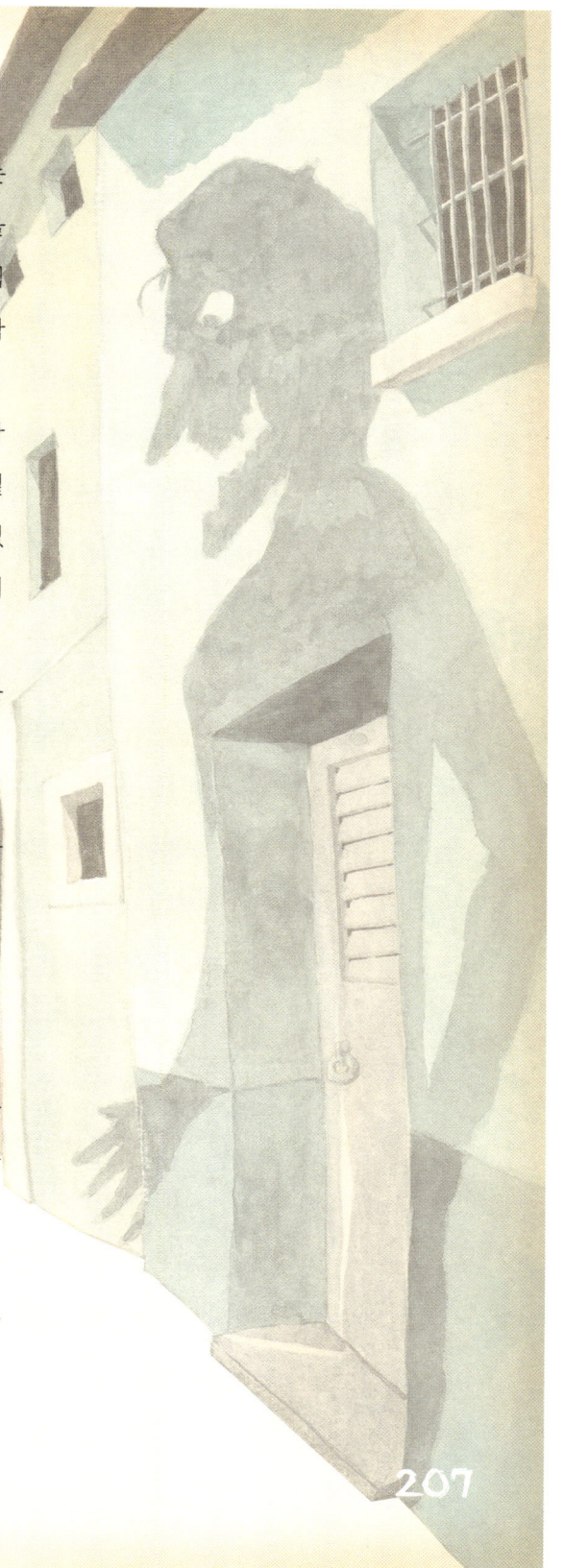

내 갈 길을 간 거예요. 그리고 이렇게 부자가 되었죠."

신사는 최고급의 검은 정장에 번쩍번쩍 장화를 신고, 금목걸이와 다이아몬드 반지까지 차고 있었어요.

"정말 희한한 일이군. 사람의 옛 그림자가 사람이 될 수 있을까? 어쨌든 넌 자유의 몸이야. 그건 그렇고, 건너편 집에서 본 것을 말해봐."

"다 말씀 드리죠. 대신 내가 당신의 그림자였다는 것은 비밀로 지켜주셔야 해요. 이젠 결혼도 할 생각이거든요."

학자는 약속했고 그림자의 이야기가 이어졌어요.

"우리가 살던 집 건너편에는 거룩한 시의 여신이 살고 있었어요. 난 그 집에서 삼주일을 지내는 동안, 그 집에 있는 시들을 모두 읽어치우면서 모든 것을 배우게 되었지요."

"시의 여신이라고! 맞아. 잠결에 잠깐 본 적이 있어. 그래서 그렇게 눈부신 빛을 발산했었군. 또 무얼 봤지?"

"본 걸 다 말해드리죠. 하지만 이젠 '너'라고 하지 말고 '당신'이라고 불러주세요. 자유인의 몸으로 지식과 상당한 재산도 가졌으니 그래야 하지 않겠어요?"

"그러지. 그 안쪽 방들은 어떻던가?"

"거기 있었으니 볼 것은 다 보았지요. 그런데 나한테 중요한 것은, 내가 거기 있으면서 내가 시를 좋아한다는 것을 깨달았다는 거지요. 나는 내 참모습을 깨달으면서 사람으로 완성되었죠. 내가 사람이 되었을 땐, 당신은 이미 이리로 떠난 뒤였지요.

사람인데 옷도 장화도 없이 다니는 게 부끄러웠어요. 그래서 밤이 되어서야 밖으로 나와 세상을 지켜보았죠. 세상은 정말이지 형편없었어요. 사람들은 나쁜 일들을 저질렀어요. 그걸 본 나는 글을 써서 그들에게 보냈어요. 그러자 그 사람들은 나를 두려워하면서도 사랑해주었어요. 교수는 날 교수로 만들어주었고, 양복장이는 새 옷을 주었고, 조폐국장은 돈을 주었어요. 그런 식으로 나한테 필요한 모든 것들을 갖게 되었죠. 이젠 당신과는 작별해야겠군요."

그림자는 돌아가 버렸고, 학자는 무엇에 홀린 듯한 기분이 들었어요. 그런데 사라졌던 그림자가 몇 년이 지나고 나서 다시 학자를 찾아왔어요.

"어떻게 지내세요?"

"나야 늘 같은 글을 쓰지. 하지만 아무도 내 이야기에는 귀를 기울이지 않아, 절망적이야."

"당신은 세상을 몰라요. 그러지 말고 나와 함께 여행을 하지 그래요? 경비는 내가 다 댈게요."

하지만 학자는 그림자의 제안을 거절했어요. 그 뒤로 하는 일마다 실패하는 우울한 날들이 계속되었고, 실망한 나머지 병이 들고 말았어요.

"당신은 정말 그림자처럼 보이는군요."

학자를 만난 사람들은 그렇게 말했어요. 그럴 때마다 학자는 온몸이 오싹해졌어요. 자기도 그렇게 생각하고 있었으니까요.

그림자는 또다시 와서, 온천으로 여행을 가서 휴식을 취하자고 했어요. 학자는 여행에 나서기로 했어요. 둘은 허물없는 친구로 함께 여행에 나섰지요. 하지만 그림자는 늘 좋은 자리는 자기가 먼저 차지하는 등 주인 행세를 했지요. 학자는 신경 쓰지 않았어요. 하루는 그림자가 학자에게 말했어요.

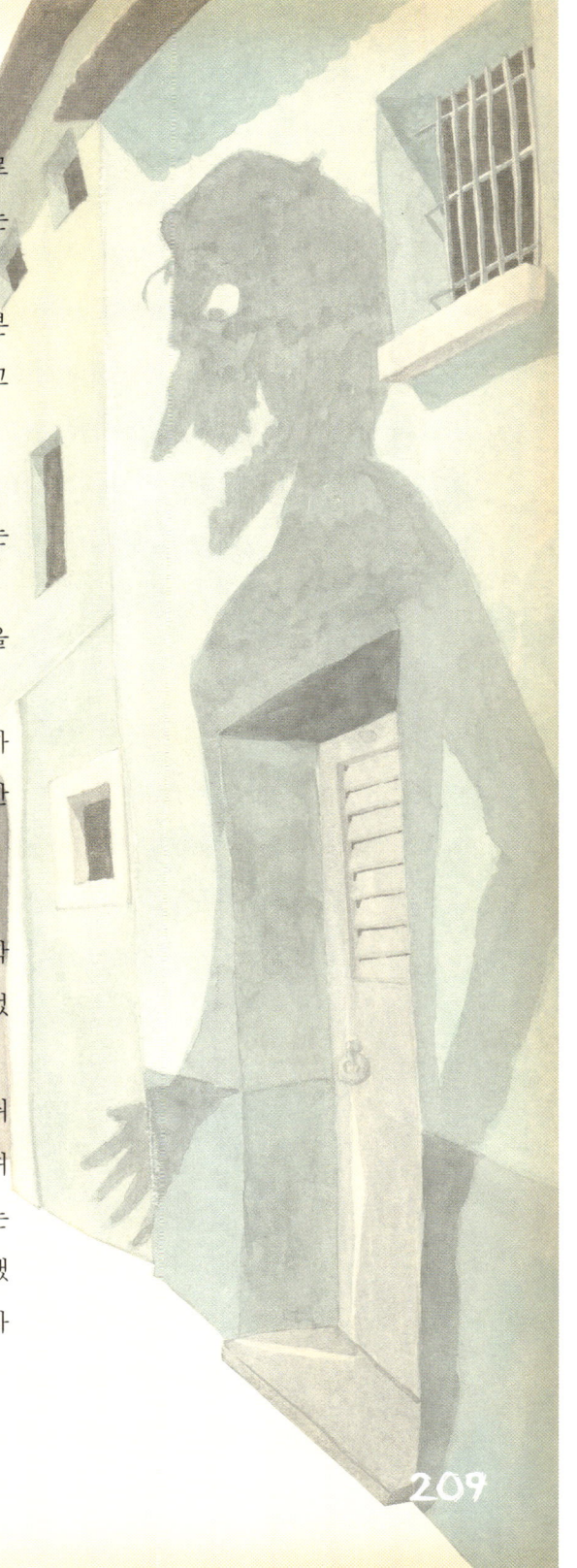

"당신이 나와 친구처럼 지내자며 나한테 '너'라고 부르지만, 나는 그때마다 소름이 끼쳐요. 당신의 그림자로 있었을 때처럼 기가 죽는다고요. 그러니 나한테 너라고 부르지 마세요. 하지만 난 당신한테 기꺼이 너라고 부르겠어요. 이만하면 당신이 원하는 것이 반은 이뤄진 것이죠."

학자는 화가 났지만 달리 도리가 없었어요.

그들은 낯선 사람들이 많은 온천에서 아름다운 공주를 만나게 되었어요. 그 공주는 사람들을 너무 날카롭게 쳐다보는 병이 있어서, 사람들이 불편해 했어요. 공주는 그림자가 겉으로는 수염을 기르려고 온천에 왔다고 하지만, 실은 그림자가 없는 사람이라는 걸 알아채고는 이상하게 여겼어요.

그런 공주에게 그림자가 말했어요.

"저는 보기 드문 그림자를 가지고 있지요. 항상 내 옆에 붙어다니는 사람 말이에요. 전 제 그림자에게 좋은 옷을 입혀서 사람처럼 보이게 했지요. 그뿐만 아니라 돈까지 주었죠. 돈이 많이 드는 일이지만, 난 특별한 걸 좋아하지요."

그림자의 말을 들은 공주는 그림자를 특별하게 생각했어요. 깃털처럼 가볍게 춤을 추는 자기보다 더 가볍게 춤을 추는 그림자를 좋게 생각했지요. 그림자는 이미 공주의 나라를 살펴본 적이 있기 때문에, 공주를 놀라게도 했어요. 공주는 그림자에게 빠져들었어요.

'이 사람은 세상에서 가장 똑똑할 거야. 좀 더 시험해봐야겠어.'

이렇게 생각한 공주가 그림자에게 어려운 질문을 하자 그림자는 이렇게 대답했지요.

"그런 것쯤은 날 오랫동안 쫓아다닌 내 그림자라도 쉽게 대답할 거예요. 그러지 말고 내 그림자에게 물어보시겠습니까? 내 그림자는 사람으로 대접받는 걸 자랑스러워하니까요."

그래서 공주는 학자에게 이것저것 물어보았어요. 학자는 아주 유쾌하고 똑똑하게 대답해주었어요. 그러자 공주는 이런 생각이 들었어요.

'데리고 다니는 그림자가 이렇게 똑똑하다니, 저 사람은 굉장한 인물임이 틀림없어. 저 사람과 결혼해야겠어.'

공주와 그림자는 공주의 나라로 돌아가 결혼식을 올리기로 했어요. 그러자 그림자가 학자에게 말했어요.

"이봐. 난 세상에서 남부럽지 않은 행운과 권력을 갖게 되었어. 나랑 살면서 내 그림자 노릇을 하지. 그러면 내가 많은 돈을 주겠어."

"말도 안 돼. 공주에게 사실을 알려주겠어."

그러자 그림자는 학자를 비웃으며 말했어요.

"누가 네 말을 믿겠어? 내가 먼저 공주에게 말하면, 넌 감옥으로 갈걸?"

학자는 그림자의 말처럼 되고 말았어요. 그림자를 염려하는 공주는 한 술 더 떴지요.

"그림자가 비참하게 사느니, 차라리 조용히 눈을 감게 하는 게 낫지 않겠어요?"

그림자는 아주 슬픈 척하며 공주의 말을 따랐지요.

저녁이 되자 도시 전체에는 환한 등불이 켜졌어요. 공주와 그림자의 결혼을 축하하는 대포 소리가 요란하게 울렸지요.

하지만 학자는 이 결혼식에 대해서 아무것도 듣지 못했어요. 이미 죽임을 당했으니까요.

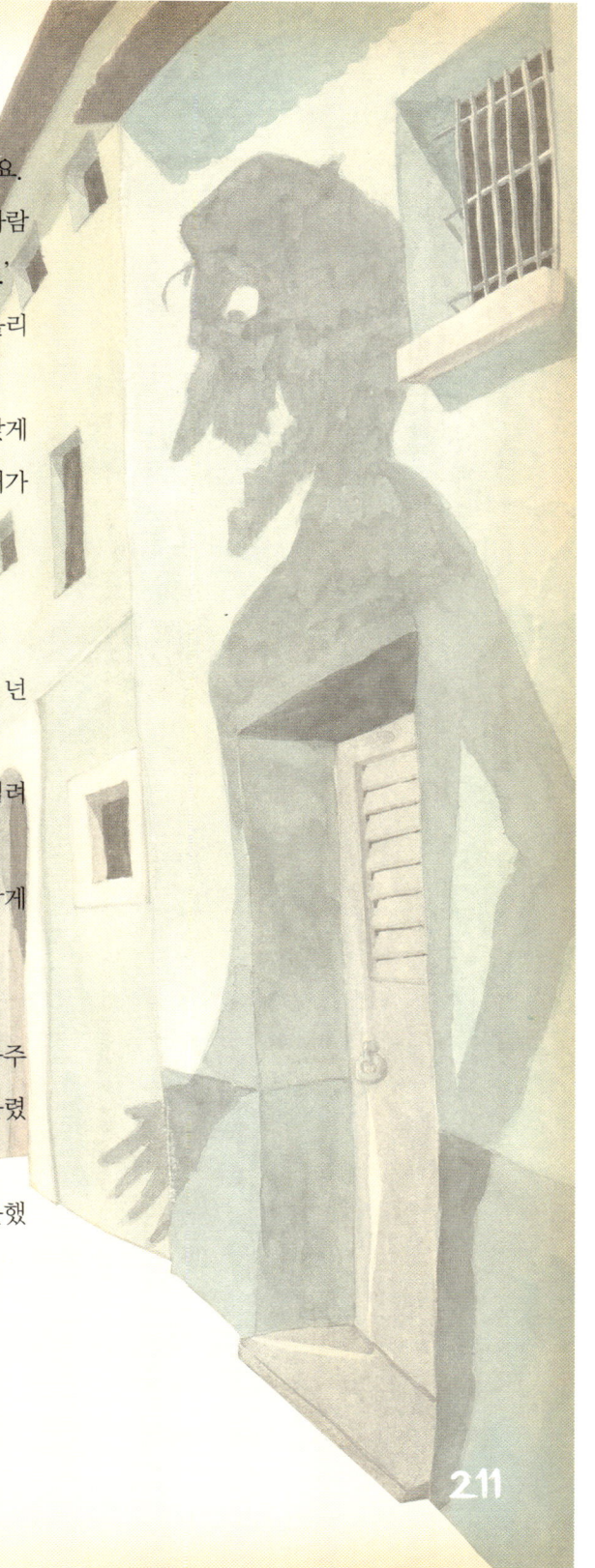

[그 림 자]

마음속에 숨겨진
본능

우리가 두려움을 가지는 원인은 대부분 그것을 잘 모르기 때문이라고 생각해. 공포 영화에서도 괴물이나 귀신의 모습이 보일 때보다 나타나기 전이 더 무섭게 느껴지지 않니? 마찬가지로 그림자가 자신의 생각 깊숙한 곳을 뜻하는 거라고 할지라도 자신의 본모습을 정확히 보게 되면 무서움이 없어질 거야. 또 빛과 물체가 만나 그림자를 이루는 과정을 이해하게 되면 그림자가 오히려 친근하게 느껴질 거야. 그럼 이제부터는 그림자를 이루는 과정을 알아볼까?

우리 친구들은 이 이야기를 듣고 그림자가 무서워졌니? 아니면 '에잇, 그까짓 그림자를 왜 무서워하고 그래?' 라고 생각할까?

이 이야기에 나오는 것처럼 옛날에는 그림자에 대해 지금보다 생각을 더 많이 하고 두려움도 컸던 것 같아. 과학이 지금처럼 발달하지 못해서 고요한 밤에 그림자를 자주 보았거든. 그래서인지 옛날이야기 중에는 자기 그림자에 놀라서 달아나는 사람의 이야기도 많아. 또 심리학자들은 그림자가 자신도 제대로 알지 못하는 마음속 깊은 곳의 생각을 뜻하는 거라고 해. 그래서 사람들이 자신의 그림자를 무서워하는 것은 자신의 마음속 깊은 곳에 숨겨졌던 모습이 드러나는 것을 두려워하기 때문이라고 설명한단다.

그러나 아빠가 어릴 때 그림자를 무서워했던 것은 심리학적인 이유보다는 아마 귀신 이야기를 너무 많이 들어서라고 생각해. 아빠는 벽에 비쳐 일렁거리는 나무 그림자에도 놀랐던 적이 많았거든. 그런데 언제부터인가 그림자를 보면, 저런 모습의 그림자를 만들려면 빛을 어떻게 비춰야 할지를 생각하게 되었어. 그러다 보니 무서움은 어느 틈엔가 사라져 버렸지.

나무처럼 딱딱한 사람이 되어버렸다고? 아니야, 우리 친구들도 그림자를 보고 빛과 물체와의 관계에 대해 한번 차근차근 생각해보았으면 해. 그 속에는 자연의 퍼즐을 푸는 오묘한 즐거움이 있으니까.

아빠는 우리가 두려움을 가지는 원인은 대부분 그것을 잘 모르기 때문이라고 생각해. 공포 영화에서도 괴물이나 귀신의 모습이 보일 때보다 나타나기 전이 더 무섭게 느껴지지 않니? 마찬가지로 그림자가 자신의 생각 깊숙한 곳을 뜻하는 거라고 할지라도 자신의 본 모습을 정확히 보게 되면 무서움이 없어질 거야. 또 빛과 물체가 만나 그림자를 이루는 과정을 이해하게 되면 그림자가 오히려 친근하게 느껴질 거야. 그럼 이제부터는 그림자를 이루는 과정을 알아볼까?

우리 친구들은 그림자를 언제 보았니? 주로 밤보다는 환한 낮

● 심리학자들은 사람들이 자신의 마음속 깊은 곳에 숨겨졌던 모습이 드러나는 것을 두려워하기 때문에 자신의 그림자를 무서워한다고 한다.

● 그림자놀이는 사람이나 동물의 모양을 불빛으로 흰 막이나 흰 벽 위에 비치게 하여, 움직이는 그림자가 나타나게 하는 놀이이다. 중국·동남아시아의 여러 나라에서는 인형극·가면극과 함께 발생해 널리 분포되었고, 각각 독자적이고 민속적인 전통을 갖는다.

에 햇빛 아래 비친 자기 그림자를 보았을 거야. 우리 부모님 세대는 어렸을 때 그림자놀이라는 것을 하며 놀았단다. 요즘은 전기가 끊어지는 일이 거의 없지만, 그때는 정전이 꽤 자주 일어나서 집 집마다 양초를 준비하고 있었거든. 그래서 정전이 되면 그림자놀이를 하곤 했지. 아빠도 어렸을 때, 정전이 되어 양초에 불을 붙이면 방안 가득히 새로운 세계가 펼쳐졌던 것이 생각나. 초의 흔들림을 따라 내 그림자가 벽에서 춤을 추었지. 이것저것 재주가 많았던 형님이 벽 근처에서 손을 조금 움직이면 개와 토끼가 튀어나와 인사하고, 비둘기가 날아오르기도 했단다.

또 밤에 가로등만 비치는 시골길을 걷다 보면 내 키보다 몇 배나 큰 그림자가 앞서기도 하고 뒤처지기도 하면서 나와 함께 걷는 것이 마치 친구와 길을 가는 듯했단다. 하지만 그러다가 중간에 담벼락이라도 있으면 조용히 따라오던 그림자가 담을 따라 갑자기 벌떡 일어서는 바람에 깜짝 놀라기도 했었어.

이제 본격적으로 빛과 물체가 만나 그림자를 이루는 과정에 대해 이야기를 하려니 어떤 한 사람이 생각나는구나. 이 사람은 과학자가 아니라 화가야. 보통 그림을 그릴 때는 머리로 이것저것 따지기보다는 가슴으로 느끼는 것이 더 중요하다고들 하지. 하지만 그림을 잘 그리려면 풍부한 감성뿐만 아니라 치밀한 관찰력, 공간에 대한 감각 등을 함께 갖추어야 해. 그림을 잘 그리고 싶다

면 우선 '제대로' 보는 것이 중요하다는 뜻이지. 그런 면에서는 과학과 예술이 아주 가까운 관계라고 볼 수 있어.

위 그림은 막 출동하려는 민병대의 모습을 담은 그림인데, 세월의 때로 시커멓게 변해 '야경'이라는 별명이 붙었단다. 바로 빛과 어둠의 마술사라고 일컬어지는 렘브란트의 작품이지. 이 작품을 보면 그림자가 빛을 받는 물체를 강조하는 데 얼마나 효과적인지를 알 수 있지 않니?

특히, 자경단 대장의 얼굴을 자세히 보렴. 그림의 맨앞에 서 있는 두 사람이 보이지? 그중 앞쪽을 보고 있는 사람이 대장이야. 그의 얼굴을 보면 렘브란트가 빛과 그림자에 대해 얼마나 깊이 이해하고 있는지를 잘 알 수 있을 거야. 빛이 비치면 물체 뒤에 그저 밝고 어두운 부분이 두 단계로 생기는 것이 아니라 다양한 단계로 나누어지거든.

● **렘브란트**
유화·소묘·에칭 등 다양한 분야에 통달한 17세기의 네덜란드 화가이며 미술사에서 거장으로 손꼽힌다. 그의 그림은 화려한 붓놀림, 풍부한 색채, 능숙한 명암 배분이 특징이다.

이 그림에서 옷에 생긴 그림자가 무슨 색으로 보이니? 회색이나 검은색일까? 대개 그림자는 회색이나 검은색이라고 생각하기 쉽지만, 하늘이나 나무처럼 그림자 역시 다양한 색을 지니고 있단다. 지금 입은 옷에서 주름진 부분의 그림자를 자세히 살펴보렴. 푸른색 옷에 생긴 그림자는 좀 더 어둡기만 할 뿐 역시 푸른색이지? 꽃무늬 옷에 생긴 그림자 속에는 더 어두운 꽃들이 보일 거고. 그림의 그림자도 단순히 검은색은 아니야. 원래의 색을 좀 더 어둡게 나타냈을 뿐이지. 렘브란트는 이 그림을 그리려고 아주 세심하게 사물을 관찰했을 거야. 이런 면에서 화가와 과학자는 서로 통하는 면이 많지 않을까?

이제 그림자의 성질에 대해서 생각해보자. 백열전구가 달린 전등을 켜고 벽 근처에 손을 가져가면 그림자가 선명하지만, 점점 손바닥을 멀리하면 흐릿하게 변한단다. 왜 이런 현상이 생길까? 만일 전등이 아주 작은 점이라면 그림자가 언제나 선명하게 생기겠지만, 점이 아니므로 전등의 여기저기에서 퍼져 나오는 빛이 각각 그림자를 만들기 때문이란다.

다음 그림을 보면 전등의 A에서 출발한 빛이 만드는 그림자가 생기는 곳과 B에서 출발한 빛이 만드는 그림자가 생기는 곳은 서로 엇갈려 생긴다는 것을 알 수 있어. 이때 모든 빛이 가려지는 곳에 생기는 가장 어두운 그림자를 '본그림자'라고 하고, 일부의 빛

● **본그림자**
물체에 가로막혀서 빛을 전혀 받지 못해 아주 깜깜하게 나타나는 그림자를 이른다.

● **반그림자**
빛이 물체를 비추었을 때 생기는 그림자 가운데, 빛이 부분적으로 도달하는 침침한 부분. 본그림자 주위의 흐릿한 그림자를 이른다.

렘브란트 되어보기

① 먼저 흰 달걀과 소금, 연필, 흰 종이 2장을 준비한다.
② 빛이 잘 들어오는 창가에 자리를 잡고 종이를 바닥에 깐다.
③ 달걀이 굴러다니는 것을 방지하려면 종이 위에 소금을 뿌려 얇은 층을 만든 후, 그 위에 달걀을 올려놓는다.
④ 먼저 달걀을 주의 깊게 살펴본 다음, 달걀의 모양을 그린다. 내가 바라보는 '시점'에 따라 그 달걀은 타원형이 될 수도 있고 원에 가까워 보일 수도 있다.
⑤ 달걀의 밝고 어두운 부분을 찾아보자. 달걀에도 그림자가 생기고, 또 달걀이 놓인 종이 위에도 그림자가 생길 것이다. 그러나 두 그림자는 모양도 다르고 어두운 정도도 다르다.
⑥ 그림자가 보이는 부분을 연필로 부드럽게 칠하자. 실제 그림자가 더 어둡다면 더 짙게 칠해야 한다. 손으로 문질러서 연필 자국이 번지고 섞이게 할 수도 있다. 아마 달걀 바로 아래가 가장 어두울 것이고, 그림자가 띠처럼 달걀을 둘러싸고 있을 것이다. 그리고 달걀의 가장 위쪽 면은 위에서 비추는 빛을 받고, 아래쪽 면은 종이에서 반사된 빛을 받는다.
⑦ 달걀에서 가장 밝은 곳을 찾아보자. 그늘진 부분을 칠하고 나서, 가장 밝은 부분은 지우개로 지워 아주 하얗게 만든다.
⑧ 전등불 아래서는 어떤 모습이 될까?

백열전등 아래서는 그림자가 더 크게 생길 것이고, 또 바닥의 그림자는 가장자리의 경계가 흐려질 것이다. 태양으로부터 오는 빛은 나란하게 진행하며 거의 점광원이므로 선명한 그림자를 만든다. 그러나 전등불에서 나가는 빛은 사방으로 흩어지기 때문에 전등불에 의한 그림자의 크기가 햇빛에 의한 그림자보다 크다. 또 전구의 여기저기서 출발한 빛이 각기 그림자를 만들기 때문에 그림자가 선명하지 않고 흐려진다.

● 태양은 태양계의 중심에 자리하여 지구를 비롯한 8개 행성의 운동을 직접 또는 간접으로 지배하고 있는 항성이다.

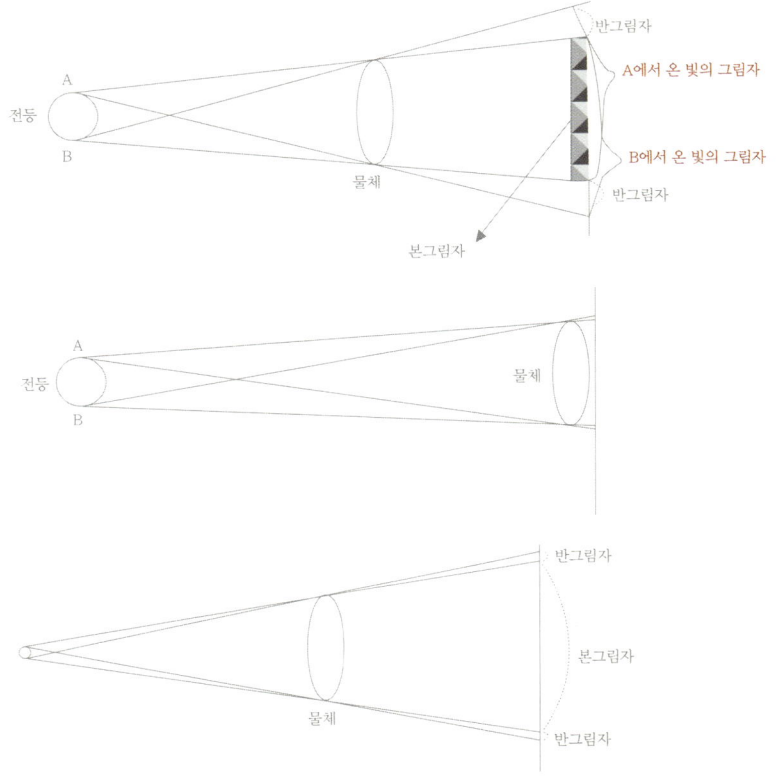

● 그림자는 물체가 땅에서 멀어지면 흐려진다. 그래서 비행기가 높이 날게 되면 대낮이라도 그림자가 보이지 않게 된다.

만 가려져서 생기는 그림자를 '반그림자'라고 해.

태양은 아주 멀리 떨어져 있기 때문에 점으로 생각할 수도 있지만 그래도 완전한 점이 아니라서 반그림자가 생겨. 물론, 아주 작긴 하지만 말야. 그 때문에 태양빛에 의해서 땅에 생긴 그림자는 물체가 땅에 가까이 있으면 아주 뚜렷하지만 땅에서 멀어지면 가장자리가 약간 흐려진단다. 예를 들어서 폭 1센티미터인 전깃줄이 땅으로부터 108센티미터보다 높은 곳에 걸쳐져 있으면 선명한 그림자가 생기지 않고 흐릿한 흔적만 생겨. 이보다 더 높이 있으면 아예 보이지 않을 수도 있고 말이야.

그렇다면 그림자의 색깔은 어떨까? 동화에서는 그림자가 사람처럼 보이는 장면이 있지만 현실 세계에서 우리가 보는 그림자는 대부분 검은색이라 형태만 있을 뿐 사람처럼 보이기는 어려워. 그럼 색깔이 있는 그림자는 만들 수 없느냐고? 물론, 있지. 가장 간단하게 색깔 그림자를 만드는 방법은 여러 가지 색깔의 셀로판지에 빛을 통과시키는 거야. 예를 들어서 빛이 초록색 셀로판지와 만나서 만드는 그림자는 초록색이고, 빨간색 셀로판지와 만나서 만드는 그림자는 빨간색이지.

또 다른 방법은 여러 가지 색깔의 빛을 동시에 보내서 그림자를 만드는 거야. 예를 들어서 3개의 플래시 앞에 각각 빨강, 초록, 파란색만 통과시키는 판을 댄 다음 동시에 빛을 보내 그림자를 만들면 위치에 따라 다양한 색깔의 그림자를 볼 수 있지.

한편, 옛날에는 이런 그림자를 이용해 시계를 만들기도 했는데, 이것이 바로 해시계야. 해시계는 태양의 운동이 일정하기 때문에 태양빛에 의해 생기는 그림자의 운동도 일정하다는 점을 이용한 거야. 우리나라에서도 여러 가지 해시계를 만들었는데, 특별히 경복궁이나 창경궁 또 여주에 있는 세종대왕 능에 가면 오목한 모양의 아름다운 해시계를 볼 수 있어. 조선시대에 사용한 해시계

● **그림자밟기**
여러 명의 어린이들이 그림자를 이용해 즐기는 놀이이다. 처음에 가위바위보를 하여 진 사람이 술래가 되는데, 술래는 열을 세고 난 뒤 아이들을 쫓아다니며 아이들의 그림자를 밟아야 한다. 그리고 술래에게 그림자를 밟힌 아이가 다음 번 술래가 된다. 그림자를 밟히지 않으려면 주로 건물이나 나무 등 자기 그림자보다 큰 그림자에 숨어 다녀야 한다.

● 앙부일구는 '하늘을 바라보는 솥 모양의 해시계'란 의미로 모양에 따라서 이름 지어졌다. 주로 궁궐이나 관공서, 양반들의 집, 종로 거리에 설치되어 널리 사용되었다고 한다.

는 '앙부일구(仰우러를-앙釜가마-부日날-일晷그림자-구)'라고도 하며, 시간뿐 아니라 대략적인 날짜도 알 수 있는 달력 겸용 시계야. 이 시계의 시간은 대체로 정확하지만, 옛날과 오늘날은 시간을 정하는 기준이 달라서 현재 시각과 비교하면 30분 정도 차이가 난단다. 또 앙부일구는 다른 해시계와는 달리 그 모양도 특이하지만, 형식도 색다른 편이야. 보통 해시계는 편평한 판에 시각선만 있어서 시각선에 드리우는 막대의 그림자를 보고 시간을 측정하도록 만들어져 있어. 그러나 앙부일구는 그보다 조금 복잡해서, 오목한 면 안쪽에는 시각선뿐만 아니고 계절선도 그려져 있지. 여기서 가로줄은 시각선이고 세로줄은 절기선을 나타낸단다.

시각선은 15분마다 그어져 있으며, 계절선은 24절기를 나타내는 13개의 선으로 이루어져 있어. 각 절기의 간격은 15일인데, 한 달에 2개의 절기가 들어 있는 셈이지. 특히, 계절선은 동지 때는 태양의 고도가 제일 낮으므로 해그림자가 제일 길어지고, 반대로 하지 때는 태양의 고도가 제일 높으므로 해그림자가 가장 짧아진다는 원리에 따라 만든 거란다. 13개의 절기선 가운데 해그림자가 가장 긴 동지선은 가장 바깥쪽에 그려져 있고, 가장 짧은 하지선은 가장 안쪽에 있지. 그리고 그 사이를 11로 나누고 말이야. 그렇다면 절기의 수는 모두 24개인데 왜 줄이 13개밖에 없을까? 그것은 춘분과 추분 때에 그림자 길이가 같다는 것을 생각하면 금방 이해할 수 있어. 동지와 하지 사이의 절기들에는 해그림자가 같은 절기들의 짝이 있거든.

더 자세히 설명하자면 동지부터 하지까지 절기의 수는 모두 11개야. 소한, 대한, 입춘, 우수, 경칩, 춘분, 청명, 곡우, 입하, 소만, 망종이 동지부터 하지 사이에 있는 절기들이지. 그리고 소서, 대서, 입추, 처서, 백로, 추분, 한로, 상강, 입동, 소설, 대설이 하지부터 동지 사이의 절기들이야. 그러므로 해그림자 길이는 가장 긴 동지부터 대설과 소한, 소설과 대한, 입동과 입춘, 상강과 우수, 한로와 경칩, 추분과 춘분, 백로와 청명, 처서와 곡우, 입추와 입하, 대서와 소만, 소서와 망종의 쌍으로 하지까지 짧아지지. 이런 구분이 24절기를 일상생활에 사용하지 않는 우리 친구들에게는 낯설게 느껴질 수도 있을 거야. 그러나 가장 익숙한 추분과 춘분의 해그림자가 같다는 것만 잊지 않는다면 앙부일구의 가로줄이 어렵지만은 않을 거야. 요컨대, 앙부일구의 그림자 막대를 기준으로 왼쪽에는 하지부터 동지에 이르는 절기의 이름이 새겨져 있고, 오른쪽에는 동지에서 하지로 이르는 절기의 이름이 있어. 그리고 이를 잇는 절기선이 차례로 그어져 있기 때문에 절기선은 모두 13개야. 이처럼 앙부일구는 시간과 계절에 따라 태양이 어떻게 움직이는지를 잘 보여준단다.

자, 어떠니? 이야기 속에 나오는 그림자는 학자를 위험에 빠뜨

● **동지**(冬겨울-동至이를-지)
24절기의 하나. 태양이 동지점을 통과하는 때인 12월 22일이나 23일경이다. 북반구에서는 1년 중 낮이 가장 짧고 밤이 가장 길다.

● **하지**(夏여름-하至이를-지)
24절기의 하나. 양력 6월 21일경으로, 북반구에서는 낮이 가장 길고 밤이 가장 짧다.

● **24절기**
태양의 황도상 위치에 따라 계절적 구분을 하기 위해 만든 것으로, 황도에서 춘분점을 기점으로 15도 간격으로 점을 찍어 총 24개의 절기로 나타낸다.

렸지만, 아빠와 함께 공부하고 나니 그런 그림자도 무섭게만 느껴지진 않지? 우리 조상처럼 시간을 알려주는 친구로 사귈 수 있을 것 같지 않니? 그림자뿐만 아니라 귀신, 어둠 등 우리 친구들이 무섭게 느끼는 대상은 많을 거야. 그러나 자세히 알고 나면 그림자처럼 그것들도 무서움의 대상이 아니라 친근한 대상으로 여길 수 있을 거야. 그럼 이제, 아빠와 함께 다음 이야기 속으로 여행을 떠나볼까?

"야, 장난감 병정이다!"

생일 선물을 받은 소년은 기뻐서 소리쳤어요. 상자 속에는 군복을 입고 어깨에 총을 멘 병정이 스물다섯 명이나 있었으니까요. 붉고 푸른 군복을 입은 채 모두 똑같이 생겼는데, 제일 마지막 병정만은 조금 달랐어요. 다리 하나가 없는 외다리 병정이었지요. 장난감을 만드는 재료가 모자라서 그렇게 되었다고 해요.

장난감 병정들은 책상 위에 세워졌어요. 거기에는 다른 장난감이 많았는데, 종이로 만든 성이 특히 아름다웠어요. 외다리 병정은 성문 한가운데에 있는 아가씨가 마음에 들었어요. 커다란 금박 장미꽃을 가슴에 꽂은 아가씨였어요.

아가씨는 춤을 추고 있었어요. 두 팔과 다리 하나를 높이 쳐들고 있었죠. 외다리 병정이 있는 곳에서는 높이 쳐든 다리는 보이지 않았어요. 그래서 외다리 병정은 이렇게 생각했어요.

'저 아가씨도 다리가 하나밖에 없구나. 내 색시로 삼았으면 좋겠어.'

밤이 되어 그 집 사람들이 모두 잠들자, 장난감들은 소란스럽게 뛰놀기 시작했어요. 외다리 병정과 무희 아가씨만은 가만히 서 있었어요. 외다리 병정은 아가씨만 지켜보았는데, 그걸 본 까만 도깨비 장난감이 빈정거렸어요.

"저 아가씨는 네 짝이 아니라고."

외다리 병정이 들은 척도 안 하자, 도깨비가 두고 보자는 듯 눈을 부라렸어요.

다음 날 아침, 도깨비의 심술인지 바람의 장난인지 갑자기 창문이 휙 열리는 바람에, 외다리 병정이 그 아래로 떨어지고 말았어요. 소년은 외다리 병정을 찾으러 내려왔지만 빈손으로 올라갔어요. 곧 비가 쏟아져서, 외다리 병정은 굵은 비를 고스란히 맞고 있었어요. 그곳을 지나가던 아이들이 종이배를 만들어 외다리 병정을 태워 보냈어요.

도랑물이 거세지자 종이배가 이리저리 요동을 쳤어요. 외다리 병정은 표정 하나 찡그리지 않고 꿋꿋하게 잘 견디었죠. 하지만 종이배가 시커먼 하수구로 휩쓸려 들어갈 때는, 덜컥 겁이 났어요.

'도대체 어디로 가는 걸까? 이게 다 그 도깨비 때문이야. 아, 그 아가씨랑 같이 있다면 무섭지 않을 텐데.'

하수구 끝은 커다란 운하로 연결되어 있어서, 종이배는 운하로 곤두박질치며 떨어졌어요. 졸지에 폭포에 휘말린 꼴이 된 배는 바닷물 속으로 거꾸로 처박히고 말았어요.

외다리 병정은 천천히 물속으로 가라앉고 있었어요. 그러면서 다시는 볼 수 없을 외다리 아가씨를 생각했어요.

어떻게 된 일인지 외다리 병정은 하수구보다 더 어둡고 비좁은 곳으로 들어가고 있었어요. 커다란 물고기가 병정을 꿀꺽 삼킨 거예요.

얼마쯤 지났을까, 큰 물고기가 크게 요동을 치더니, 물고기 뱃속으로 햇살이 와르르 쏟아지고, 누군가 크게 외치는 소리가 들렸어요.

"장난감 병정이다!"

어부에게 잡힌 물고기가 요리사에게 팔렸는데, 요리사가 이 커다란 물고기 배를 막 갈랐던 거지요. 요리사는 외다리 병정을 아이들에게 갖다주고, 아이들은 외다리 병정을 책상 위에 세워 두었어요.

참 희한한 일이었어요. 그 책상은 바로 외다리 병정이 있었던 곳이었으니까요. 동료 장난감 병정들, 종이로 만든 화려한 성, 그리고 한쪽 다리로 서 있는 아가씨까지 모두 그대로였어요.

아가씨를 본 외다리 병정은 너무 감격스러워 눈물이 나올 것만 같았어요. 하지만 이를 악물고 말없이 바라보았어요.

한 아이가 외다리 병정을 집어들더니 중얼거렸어요.

"왜 이렇게 낡은 거야?"

그리고는 난로 속에 던져버렸어요. 도깨비가 또 무슨 나쁜 짓을 했나 봐요.

뜨거운 불길이 외다리 병정을 덮쳤어요. 벌겋게 타오르는 외다리 병정은 아가씨를 보았어요. 몸은 서서히 녹아갔지만, 여전히 총을 메고 꼿꼿한 자세로요.

그때였어요. 갑자기 방문이 휙 열리며 세차게 몰아오는 바람이 아가씨를 덮쳤어요. 아가씨는 가볍게 날아올랐는데 신기하게도 외다리 병정 옆으로 떨어졌어요. 아가씨도 불꽃 속으로 사그라졌지요. 다 녹아서 쇳덩어리가 된 외다리 병정 옆이었지요.

다음날 아침, 하녀가 난로에서 재를 끄집어내고 있었어요. 재 속에는 작은 하트 모양의 쇳덩어리가 있었어요. 그 옆에는 숯덩이가 된 금박 장미가 있었고요.

[꿋꿋한 장난감 병정]

금속 심장에
숨겨진 비밀

생명이 위험한 순간까지 품위를 지키고, 무희를 향한 마음을 내색하지 않은 장난감 병정의 마음을 우리 친구들은 이해할 수 있을까? 아빠는 이 이야기를 읽으면 아래 노랫말처럼 사랑을 했던 우리 조상의 모습이 생각난단다.

갑돌이와 갑순이는 한마을에 살았더래요.
둘이는 서로서로 사랑을 했더래요.
그러나 둘이는 마음뿐이래요.
겉으로는 음~ 모르는 척했더래요.

그러다가 갑순이는 시집을 갔더래요.
시집간 날 첫날밤에 한없이 울었더래요.

이 이야기를 읽다 보면 '난롯불에도 쇠로 된 장난감 병정이 완전히 녹을 수가 있을까?'란 의문이 들지 않니? 장난감 병정처럼 난로도 쇠로 되었는데 녹지 않잖아? 또 난로보다 온도가 높을 것 같은 가스불에 쇠 젓가락을 대도 빨개지기만 할 뿐 녹는 것을 본 적이 없거든. 우리, 금속의 쓰임새와 그 각각의 성격에 대해 알아볼까?

갑순이 마음은 갑돌이뿐이래요.
겉으로는 음~ 안 그런 척했더래요.

갑돌이도 화가 나서 장가를 갔더래요.
장가간 날 첫날밤에 달 보고 울었더래요.
갑돌이 마음은 갑순이뿐이래요.
겉으로는 음~ 고까짓 것 했더래요.

마음속에는 온통 상대방 생각뿐인데도 겉으로는 전혀 안 그런 척하는 것. 그런 태도로는 정신없이 바쁘게 돌아가는 이 세상을 살아가기에 불편하고 손해만 본다고 생각할 수도 있겠지. 하지만 우리 친구들도 언젠가는 이런 애틋하고 아름다운 사랑의 마음을 느끼는 날이 올 거라고 생각해.

그런데 이 이야기를 읽다 보면 '난롯불에도 쇠로 된 장난감 병정이 완전히 녹을 수가 있을까?'란 의문이 들지 않니? 장난감 병정처럼 난로도 쇠로 되었는데 녹지 않잖아? 또 난로보다 온도가 높을 것 같은 가스불에 쇠 젓가락을 대도 빨개지기만 할 뿐 녹는 것을 본 적이 없거든.

우리 친구들, 양초에 불을 켜면 한 불꽃 안에도 여러 가지 색깔이 있는 것을 본 적 있니? 빨간색이 온도가 가장 낮고 주황색,

● **온도에 따른 색 변화**
(낮은 온도) 빨간색-주황색-노란색-초록색-파란색-남색-보라색(높은 온도)

노란색, 파란색 순서로 온도가 높아지지. 파란 불꽃의 중심은 온도가 1,400도 정도라고 해. 그러니까 파랗게 타는 가스 불꽃 온도도 1,400도인 셈이지.

이 이야기에 나오는 난로는 아마 장작을 땠을 거야. 장작이 타면서 내는 불꽃은 온도가 낮아서 여기서처럼 빨간색일 거고, 그러면 온도는 800도 정도지.

금속 중에서 철은 녹는점이 1,540도이고 구리는 1,084도야. 그런데 주석은 녹는점이 232도로, 녹는점이 328도인 납보다도 더 잘 녹게 되어 있지. 결국, 병사는 끝까지 꿋꿋했지만 병사를 만든 재료는 불에 잘 견디지 못했던 셈이지. 또 끝까지 남아있던 심장은 병사를 만든 다른 재료보다 잘 녹지 않는 재료로 만들어진 거고.

원래 주석은 불과 추위에 매우 약하대. 그래서 주위 온도가 낮아지면 부스러져 가루가 되어버리지. 러시아를 정복하려고 출정한 나폴레옹 군대의 군복 단추는 주석으로 만들었는데, 러시아의 강추위를 이기지 못하고 부서지고 말았대. 그 때문에 병사들은 단추가 없어진 옷자락을 추스르느라 무기도 제대로 못 잡고, 싸움도 제대로 하지 못했다고 해. 당시 프랑스 군대가 주석의 이러한 성질을 알았더라면 역사가 달라졌을지도 모르지.

하지만 주석은 공기 중에 잘 변하지 않고 인체에 해가 없어서

● 산화주석을 주성분으로 하는 주석석은 주석의 주요 광석이며, 주로 붉은 갈색, 갈색, 회색을 띤다. 투명한 것은 보석으로 쓴다.

옛날부터 술잔을 만드는 데 많이 이용되었다고 해. 주석 잔에 맥주를 담아 마시면 더욱 맛있다고 하더군. 그래서 요즘 말레이시아 등으로 여행을 한 사람들은 특산품으로 주석 잔을 많이 사오곤 하지.

또 공기에서 잘 변하지 않기 때문에 다른 금속의 표면 위에 덮어씌워서 금속을 보호하는 데 쓰이곤 해. 이런 일을 '도금'이라고 하는데, 오늘날 사용되는 주석의 40퍼센트 정도는 도금에 사용되고 있어. 특히 철판에 주석을 도금한 것은 '양철'이라고 하고, 철판에 아연을 도금한 것은 '함석'이라고 해.

그런데 철을 보호하는 데는 양철보다는 함석이 훨씬 좋다고 해. 함석이나 양철 모두 철이 녹슬지 않도록 표면을 씌운 것이지만, 표면 일부가 벗겨지면 양철은 주석보다 내부의 철이 먼저 녹슬어 버리는 데 비해, 함석은 아연이 먼저 부식하기 때문에 철은 녹이 잘 슬지 않거든.

이런 주석을 사람들은 아주 오래전부터 사용해왔어. 아마 인류가 가장 처음 이용한 금속이 주석일 거야. 물론, 순수한 주석만을 사용한 것은 아니고 구리와 합쳐서 합금(合합할-合金쇠-금)을 사용한 거야. 보통 구리를 주성분으로 하고, 그것에 다른 물질을 섞어서 필요에 따라 성질을 바꾼 합금을 '구리합금'이라고 하는데, 크게 황동(黃누를-황銅구리-동)과 청동(靑푸를-청銅구리-동)으로 나눌 수 있어.

● 양철은 철판에 주석을 도금한 것으로, 주로 통조림이나 과자 통으로 많이 사용되고 있다.

● 함석은 철판에 아연을 도금한 것으로, 이전에는 지붕이나 덧문을 만드는 데 사용했지만 요즘은 물받이로 많이 사용하고 있다.

● 황동은 구리에 아연을 섞어 만든 합금으로 '놋쇠'라고도 하는데, 청동과 함께 중요한 구리합금이다. 고대 그리스 때부터 인류와 친근했으며, 비철 금속 중 가장 일상생활과 관계가 깊다.

황동은 구리와 아연의 합금으로 구리보다 값이 싸고, 색깔이 아름다우며, 여러 가지 좋은 성질이 있기 때문에 일용품, 장식품, 건축 재료 등에 쓰이곤 하지.

반면에 청동은 구리와 주석이 주성분으로, 황동보다 강하고 잘 닳거나 부서지지 않으며 녹도 좀처럼 슬지 않아. 또 틀에 부어 만들기가 쉬워서 베어링 등 여러 가지 기계 부품에 널리 쓰이곤 하지. 하지만 청동은 황동보다 값이 비싼 편이야.

서울에 있는 국립중앙박물관을 비롯하여 경주, 광주, 진주 등 대부분 국립박물관에는 석기시대의 유물인 토기와 석기, 청동기시대와 철기시대의 유물이 전시되어 있어. 그런데 금속 유물은 철기시대보다는 청동기시대의 유물이 훨씬 많단다. 철기시대가 청동기시대보다 훨씬 더 뒤에 왔음에도 남아있는 유물은 거의 없고, 있어도 심하게 녹슬어 버려서 원형을 알아보기가 어렵거든. 하지만 청동기 유물은 푸른 녹만 살짝 긁어내면 아직도 생생한 원형을 유지하고 있어. 요컨대, 청동으로 만든 물건이 철로 만든 물건보다 훨씬 오래간다는 것을 알 수 있지.

그러나 청동은 단단하지 못하고 그 양도 많지 않아서 널리 사용되지는 못했어. 그 때문에 청동으로는 주로 무기나 장신구 등 귀족들의 권위를 상징하는 것을 만들었단다. 하지만 청동을 다루는 기술을 알아내면서부터 사람들의 생활양식은 석기를 사용했

● 청동은 구리와 주석의 합금으로 용도에 따라 아연, 납 따위를 첨가한 구리합금을 포함하여 이르는 말로 쓰기도 한다. 구리나 그 밖의 비철 금속에 비하여 주조성과 내식성이 뛰어나다.

을 때와는 비교할 수도 없을 정도로 달라졌어. 또 청동 도끼, 청동 끌, 청동 칼, 청동 송곳 등의 유물로 알 수 있듯이, 청동기를 연장으로 써서 여러 가지 도구를 만드는 기술이 발달했지. 이러한 도구의 발달은 농업과 목축의 큰 발전으로 이어졌단다. 청동기시대에 들어와 더욱 정교한 농기구가 개발되면서 농사짓는 방법에 큰 변화가 일어났거든. 이제 단순히 땅에 구멍을 내 씨를 뿌리는 소박한 농사법에서 한 걸음 더 나아가, 땅을 깊이 파서 갈아 엎고 골을 내어 농사짓는 방법을 알게 된 거지. 따라서 그때부터는 농사

- **청동기시대**

기원전 4000년경 근동(近가까울-근東동녘-동)에서 시작되었으며, 실속 있는 발명과 발견으로 인류의 생활이 한층 풍부해졌다. 구리와 청동을 비롯한 금속의 채광·정련·주조, 벽돌과 돌의 건축, 대토목공사, 계산과 측량, 도기의 제조 등이 이루어지게 되었다.

합금

여러 가지 금속을 혼합하여 만든 것으로, 금속들이 섞이기 전에는 가지고 있지 않던 새로운 성질을 가지기 때문에 금속의 결점을 보완하거나 성질을 개선할 수 있다.

〈합금의 종류〉

① 단단하게 한 것: 황동, 청동, 두랄루민 등

② 녹는점을 낮게 한 것: 땜납

③ 녹이 잘 슬지 않게 한 것: 스테인리스

④ 전기저항을 크게 한 것: 니크롬선, 철크롬선 등

⑤ 색깔을 아름답게 한 것: 황동, 청동 등

⑥ 가볍고 열에 잘 견디도록 한 것: 알루미늄합금, 티탄합금 등

● 방짜유기는 유기의 종류 중 가장 질이 좋은 유기로, 구리와 주석을 78:22로 합금하여 거푸집에 부은 다음, 불에 달구어 가며 두드려서 만든 그릇이다. 이런 기법으로 만들어진 방짜유기는 휘거나 잘 깨지지 않으며 비교적 변색되지 않을 뿐 아니라 쓸수록 윤기가 나는 장점이 있다.

가 여자보다는 힘이 좀 더 센 남자를 중심으로 이루어지게 되었단다. 덕분에 먹고 남을 정도로 식량을 생산하게 되었고 계급이 나타나게 되었지.

우리나라는 옛날부터 금속을 다루는 데 놀라운 재주를 가지고 있어서 지금부터 소개할 여러 가지 물건을 만들었단다. 우선 젓가락인데 중국이나 일본과는 달리 우리 조상은 금속 젓가락을 사용했어. 그릇도 전통적으로 놋그릇(유기), 그중에서도 놋쇠를 두들겨 펴서 만든 방짜유기를 사용했지.

방짜는 1,200도가 넘는 고온에서 주석과 구리를 섞은 쇳물로 판을 만들어 망치질로 얇게 펴고, 식으면 다시 달궈 망치질을 거듭한단다. 얇아진 판들을 서너 장씩 덧대 오목하게 가공한 후, 원하는 그릇의 깊이대로 잘라내고 그릇 형태를 만드는 거야. 이렇게 만들어진 방짜는 두드려도 여간해서는 깨지지 않으며 방짜로 만든 징과 꽹과리 역시 마음껏 두드려도 부서지지 않아. 방짜는 오늘날 종가에서 가보처럼 다뤄지지만, 일제 강점기에 일본군이 유기(鍮놋쇠-유器그릇-기)를 모두 거둬갈 때도 제일 먼저 대피시킬 만큼 중시했단다.

또 어떤 사람들은 독약을 검출할 때 금속 중에서 놋쇠 수저를 사용했다고 하는데, 아마 이때 사용한 것은 놋쇠 수저가 아니라 은수저였을 거야. 옛날에는 독살의 위험 속에 살아야 했던 왕의

안성유기

요구하거나 생각한 대로 잘된 물건을 비유적으로 이르는 '안성맞춤'이 안성유기에서 유래한 말일 정도로 안성유기는 장인 정신과 뛰어난 솜씨로 사람들의 마음을 사로잡았다. 원래 안성유기는 잘 전승되고 있었으나 일제 식민 통치 중 1941년, 일본이 태평양전쟁을 일으키면서 전국에 있는 유기를 거의 다 거두어들이면서 큰 타격을 받게 되었다. 특히, 안성유기는 대가 끊어질 뻔한 큰 수난을 겪었다.

그러나 뜻있는 유기공들은 산으로 숨어들어 계속 유기를 만들었고, 전쟁 중에는 대부분 일제의 눈을 피해 산속 등지에서 숨어 제작을 하느라 만드는 곳이 5~6곳밖에 없었다. 그러나 해방과 더불어 유기업은 안성시내 곳곳에서 번성하였다. 육이오 전쟁을 전후로 안성유기는 절정을 이루어 공장의 수만도 37곳이나 되었으나 시간이 흘러 연료가 변화하면서 안성유기는 다시 시련을 맞았다.

본래 우리나라의 일반 연료는 장작을 위주로 한 나무였으나 육이오 전쟁이 지나고 대도시의 연료가 연탄으로 바뀌게 되었다. 주로 부엌에서 사용되는 유기가 연탄가스의 주성분인 일산화탄소를 만나면 시뻘겋게 녹이 슬거나 누렇게 변해버려 식기로 사용할 수 없게 된 것이다. 이렇게 되자 사람들은 점차 유기 대신에 알루미늄 그릇이나 스테인리스 그릇을 사용하게 되었고 아울러 유기는 곧 자취를 감추어 버렸다. 현재는 중요무형문화재로 지정되어 그 명맥만 이어가고 있다.

수라에 독약이 들었는지 확인하려고 특별한 화학반응이 사용되었거든. 상궁이 은수저를 음식물 속에 넣어보아 색깔이 검게 변하는지 확인하는 방식인데, 이는 약인 비상의 성분 중 '황'을 검출할 때 쓰는 방법이야. 은이 황과 반응하면 검은색의 황화은으로

● 우리나라의 종은 한 번 종을 치면 종소리의 여운이 오랫동안 남아 있어서 소리가 한 번에 작아지지 않고 줄어들다가 다시 커지기를 몇 번 반복한다.

변하거든. 그런데 이 방법은 독성 성분인 비소 자체가 아니라 황을 검출하는 방법이니 왕의 독살을 막기에는 역부족이었을 거야. 만약 황 성분이 많이 들어 있는 달걀찜에 은수저를 넣었다 해도 수저의 색은 변할 테니까.

청동을 다루는 우리 민족의 솜씨는 종을 만드는 데서 꽃을 피웠다고 할 수 있어. 우리나라의 종소리는 그저 땡그랑거리는 서양 종은 물론, 일본이나 중국 종에서는 들을 수 없는 독특한 아름다움이 있거든.

우리나라 종의 특색은 이미 신라시대에 이루어졌는데, 에밀레 종이라고 하는 성덕대왕 신종을 보면, 먼저 종의 맨 윗부분에 굴뚝과도 같은 음관이 있어. 이 음관은 종을 칠 때 다른 잡음을 감소시키고 소리를 멀리 퍼지게 하는 역할을 하지. 또 종의 위쪽 옆면에는 돌아가면서 네 군데에 돌기가 9개씩 붙어 있는데, 이를 유두라고 해. 이 유두와 조각들의 독특한 배치가 소리를 커졌다 작아지기를 반복하게 하는 거라고 해.

또 우리나라의 종은 종각에 높이 매달고 치는 것이 아니라 지상의 조금 위에 달고 치게 되어 있어. 종 바로 아래에는 항아리를 놓거나 땅을 파서 만든 명동(鳴울-명 洞골-동)이라는 구조가 있지. 이 구멍은 바이올린이나 첼로의 울림통과 같은 역할을 하여 좋은 소리를 내게 할 뿐만 아니라 오랫동안 은은하게 여운을 남기는 데

● **울림통**
주로 현악기나 타악기 따위에서, 소리를 크고 맑게 내는 역할을 하는 몸통 부분. 대개 속이 비고 울림구멍이 있다.

큰 도움을 준단다.

이처럼 청동을 자유자재로 다루는 우리 민족이 세계 최초로 금속활자를 만든 것은 운명이자 필연이 아니었을까? 금속활자로 만든 책 중 남아있는 가장 오래된 것은 『직지심체요절(直곧을-직指가리킬-지心마음-심體몸-체要요긴할-요節마디-절)』이야. 이 책은 1972년 '세계 도서의 해'를 기념하여 프랑스 파리에서 열렸던 도서전시회에서 프랑스 국립도서관에 소장하고 있던 『직지심체요절』을 출품하면서 처음으로 학계와 일반인에게 알려지게 된 거란다. 그래서 『직지심체요절』이 세상에 알려진 것은 사실 얼마 되지 않아.

『직지심체요절』이 세상에 처음 공개될 때, 많은 서지 학자들은 그것이 현존하는 가장 오래된 금속활자본 서적이라는 데 의견을 같이했지. 무엇보다도 책의 끝 부분에 적혀 있는 "선광 7년 7월에 청주 흥덕사에서 금속활자로 인쇄하다"라는 기록이, 구텐베르크의 인쇄보다 앞선 1377년에 이 책이 금속활자로 인쇄된 서적임을 말해주는 것이었지.

이렇게 금속활자는 고려시대에 처음 만들어졌으나 그 뒤로 몽골족의 침입과 고려, 조선의 왕조 교체에 따른 혼란한 시대 상황으로 인쇄 기술은 뚜렷하게 발전하지는 못했어. 그러나 조선 왕조의 기틀이 안팎으로 안정된 태종 때부터는 학문을 숭상하는 정책을 촉진하려고 주자소(鑄쇠 불릴-주字글자-자所곳-소)를 설치하고 본격적으

● 직지심체요절
고려 우왕 3년(1377년)에 백운화상이 부처의 깨달음에 도달함을 이르는 직지인심견성성불의 뜻 중에 중요한 대목만 뽑아 해설한 책. 세계 최초의 금속활자본으로 인정받은 불경으로, 1972년 프랑스 국립도서관에서 유네스코 주최로 열렸던 '책의 역사' 종합전에서 발견되었다.

● 주자소
조선시대에 활자를 만들어 책을 찍어내던 관청. 태종 3년(1403년)에 설치하였는데, 처음에는 승정원에 속하였다가 세조 6년(1460년)에는 교서관에, 정조 6년(1782년)에는 규장각에 속하였다.

로 활자를 만들어 많은 책을 찍었단다.

그 첫 번째 활자가 구리 활자인 '계미자' 야. 계미자는 계미년(1403년)에 만든 활자라는 뜻인데, 조선시대 처음으로 만들어진 활자라 크기도 일정하지 않고 활자를 인쇄판에 무리하게 맞추어 배열했기 때문에 옆줄이 맞지 않거나 글자끼리 획이 서로 엇물린 일도 있었어. 그러나 이 계미자는 거의 단절된 금속활자의 제조술을 다시 이룩했다는 면에서 큰 의미가 있는 활자란다.

활자 인쇄 기술은 그 이후 크게 발전하여 세종 때에는 '갑인자'가 만들어졌단다. 갑인자는 활자를 네모나면서 평평하고 바르게 만들었을 뿐만 아니라, 대나무로 빈틈을 메워 조립식으로 판을 짜서 인쇄판도 정교하게 만들었기 때문에 인쇄하는 데 성공했지. 따라서 인쇄 속도도 매우 빨라지게 되었단다.

그러나 우리 민족이 옛날부터 금속을 다루는 데 천부적인 재능이 있었다 하더라도 자랑만 하고 있어서는 곤란하겠지? 계속 노력해서 세계 제일의 기술을 뽐내야만 먼 훗날 후손들도 우리를 자랑스럽게 생각할 테니까 말이야. 그렇다면 요즘 과학기술자들이 관심을 두는 합금으로 어떤 것이 있는지 알아볼까?

먼저 형상기억합금이 있단다. 이 합금은 일정한 온도에서 어떤 모양을 기억시키면 온도가 낮아져 그 모양이 변형되더라도 다시 가열하여 그 온도가 되면 본래의 모양으로 되돌아가는 성질을 가지고 있지. 이 합금이 실용화된 것은 1969년 미국의 미국항공우주국인 나사가 달에 안테나를 설치하면서부터야. 그처럼 큰 안테나를 우주선으로 옮기기가 어려워 형상기억합금을 이용했지. 이 합금을 약 150도의 온도에서 안테나로 만든 다음 달에 싣고 가서 접힌 모양 그대로 안테나를 설치해놓으면, 달 표면은 태양빛을 받아 약 200도까지 온도가 상승해 형상기억합금은 순식간에 원래의 모양대로 돌아가게 되거든. 한 일본 회사는 이런 성질을 이용해 형상기억합금을 브래지어의 초신축성 와이어로 사용하기도 했어. 사용한 합금은 보통 금속보다 10배나 신축성이 있으니까. 그 때문에 브래지어의 와이어가 늘어났더라도 체온을 받으면 원래의 형상으로 돌아가게 되는 거란다.

또 초신축성 와이어는 치열을 바로잡는 데도 사용돼. 재래식 치열 교정 강철 와이어는 가끔 작은 키를 돌려서 정기적으로 조여주어야 했지만, 초신축성 합금 와이어는 치열이 올바른 방향으로 교정되도록 계속해서 부드럽게 압력을 가해주거든.

이 밖에도 수소를 저장하는 수소저장합금이 있어. 이 합금은 온도를 낮추거나 압력을 높이면 열을 내며 수소를 흡수해 금속수소화합물이 되고, 반대로 온도를 올리거나 압력을 낮추면 다시 수소를 방출하고 열을 흡수하는 성질을 가진 새로운 금속재료란다. 이 합금을 사용해 수소를 저장하면 과거와 같이 무거운 고압봄베

● **나사 (NASA)**
1958년에 미국의 우주 개발 계획을 추진하기 위하여 설립된 정부 기관. 케이프커내버럴 우주 센터, 마셜 우주 비행 센터 등 여러 시설과 거대한 연구 개발 기관이 있으며, 본부는 미국 워싱턴에 있다.

● **수소**
모든 물질 가운데 가장 가벼운 기체 원소. 빛깔과 냄새와 맛이 없고 불에 타기 쉽다. 환원 작용을 일으키며 금속에 대한 친화력이 적다. 원자 기호는 H, 원자 번호는 1, 원자량은 1.0079이다.

● **봄베**
고압 상태의 기체를 저장하는 데 쓰는, 두꺼운 강철로 만든 용기.

● **초전도 현상**

액체 질소를 이용해 온도를 낮추면 전기저항이 0이 된다. 이러한 현상을 초전도현상이라고 하고, 이러한 초전도성을 가진 합금을 초전도합금이라고 한다.

● **파인세라믹스**

고순도의 무기 화합물을 원료로 하여 만든 요업 제품. 내열성, 내마모성, 내식성, 전기절연성 따위가 뛰어나 의료용 인공뼈, 인공치근, 자동차의 엔진이나 발전기의 터빈, 칼, 가위, 만년필 등의 생활용품에 많이 이용되고 있다.

를 사용하거나 극저온에서 액화시키지 않고도 저장할 수 있으며 폭발 위험도 없어.

한편, 합금 중에는 초전도합금이라는 것도 있는데, 이 합금을 사용하면 큰 전류를 손실 없이 흐르게 할 수 있단다. 그래서 주로 송전선, 발전기, 에너지 저장 시설, 자기부상열차, 입자가속기 등을 만드는 데 사용하지.

오늘날에는 금속 대신 플라스틱이나 세라믹이라고 하는 도자기를 재료로 활용하는 연구도 활발히 이루어지고 있어. 강화플라스틱은 일반적인 플라스틱보다 강하고 잘 닳지 않는 새로운 종류의 플라스틱으로, 기어 등의 기계류, 헬멧, 섬유 등에 다양하게 사용되고 있지. 또 자기나 유리 등을 세라믹이라 하는데, 천연 원료를 고도로 정제하거나 인공적으로 합성한 물질을 원료로 사용하여 엄격한 조건에서 구워낸 제품으로 보통 세라믹과는 다른 특성이 있는 물질을 파인세라믹스라고 한단다. 파인세라믹스는 의료용으로 인공뼈, 인공치근, 자동차의 엔진이나 발전기의 터빈, 칼, 가위, 만년필 등의 생활용품에 많이 이용되고 있지.

동화 속의 장난감 병정처럼 금속도 사람에게 친절한 마음을 가진 것 같지 않니? 여러 가지로 사람들의 불편함을 없애주니까 말이야. 우리 친구들도 지금까지 설명한 금속의 용도 외에 다른 용도를 더 조사해보는 건 어떨까? 금속과 우리의 생활은 떼려야 뗄 수 없는 관계라서 이 밖에도 많은 용도로 우리 생활과 관련되어 있을 거야.